리더, 절대로 바쁘지 마라

리더,
절대로
바쁘지
마라

김종명 지음

에디터
editor

■ 프롤로그 ■

눈치 보는 리더가 성공한다

"당신은 왜 직장생활을 하는가?"
사람들은 대답한다.
"행복하기 위해서 직장생활을 한다."
또 물어본다.
"당신은 지금 직장생활을 하면서 행복한가?"
많은 사람들이 이렇게 대답한다.
"직장생활의 행복이라고요? 그런 건 사치입니다. 하루하루 너무 바빠서 정신도 못 차리는데, 어떻게 행복에 대해 생각해볼 겨를이 있겠습니까?"
아이러니가 아닐 수 없다. 행복하기 위해 직장생활을 하는데, 정작 현실은 너무 바빠서 행복에 대해 생각해볼 여유가 없다니…….

많은 직장인들이 어디를 향해 가는지도 모르면서 마치 눈을 감고 어두운 밤길을 전속력으로 질주하는 것처럼 바쁘게 직장생활을 하고 있는 것이 현실이다. 이들은 바쁘다는 말을 입에 달고 다닌다. 그래선지 몸과 마음이 모두 피곤하다. 이제 직장생활은 마지못해 어쩔 수 없이 하는 족쇄가 되어버렸다. 이래 가지고야 직장생활의 행복은 언감생심이다.

그러나 모두가 그런 건 아니다. 성공한 사람들은 자신이 가고 있는 방향을 정확히 알고 있다. 이들은 속도도 중요하지만, 방향이 더 중요하다는 것을 잘 알고 있다.

이들은 매일 연구한다.

'나는 지금 어디로 가고 있는가? 나는 지금 무슨 일을 하고 있는가? 어떻게 하면 바쁘지 않으면서도 성과를 낼 수 있을까? 어떻게 하면 매일의 직장생활이 행복할 수 있을까?'

이들은 직장생활의 행복을 중요한 가치로 여긴다. '자신이 원하는 만큼 행복해진다'는 링컨의 말처럼, 이들은 자신의 행복을 포기하지 않는다.

이들은 말한다.

'직장생활은 하루 이틀에 끝나는 단거리 경주가 아니라, 평생 달려야 하는 마라톤 경주와 같다. 어차피 평생 해야 하는 일이다. 잠시 바쁘고 만다면 모르지만, 평생을 허덕이며 바쁘게 살 수는 없는 일이다. 무작정 일에 덤벼들 게 아니라, 바쁘지 않으면서 여유롭게 성과를 낼 수 있는 방법에 대해 끊임없이 연구해야 한다. 아무리 바쁘다고 해도 신발 끈을 묶지도 않은 채 달려갈 수는 없

는 일 아닌가?'

그렇다. 이들의 말처럼, 직장생활이 행복하려면 절대로 바쁘면 안 된다. 자신이 어떤 방향으로 가고 있으며, 무슨 일을 하고 있는지, 어디쯤 가고 있는지에 대해 성찰하면서 일해야 한다.

필자는 CEO를 역임하는 등 20여 년간 기업에서 근무했으며, 2004년부터 지금까지 리더십 강의와 경영자 코칭을 하고 있다. 이 과정에서 수많은 리더들을 만났다. 많은 사람들이 리더는 직급이 높으니까 여유롭고 편안할 것으로 생각하는 경향이 있다. 그러나 실제로 조직 현장의 리더들은 인간관계에서 비롯되는 심각한 갈등을 겪으며, 바쁜 업무에 시달리고 있었다. 많은 사람들이 자신에게 주어진 권한과 책임에 대해 큰 압박을 느끼고 있었다.

필자가 만난 리더들은 주로 다음과 같은 어려움을 호소했다.

'직장생활이 너무 힘들다. 항상 눈코 뜰 새 없이 바쁘고, 정신이 없다.'

'아무리 열심히 일을 해도 성과가 잘 나지 않는다.'

'직장생활이 행복하지 않다. 항상 미래가 불안하다.'

필자는 조직 현장의 리더들과 함께 이에 대한 해결책을 찾기 위해 오랫동안 연구했다. 이런 고민들은 코칭 과정을 통해 다음과 같은 주제로 압축되었다.

- 어떻게 하면 바쁘지 않으면서도 좋은 성과를 낼 수 있을까?
- 어떻게 하면 좋은 관계를 맺으면서 행복한 직장생활을 할 수 있을까?

필자가 조직 현장의 리더들과 함께 찾아낸, 이에 대한 해결책은 다음과 같다.

"리더, 절대로 바쁘지 마라!"
"일과 사람에 대해 눈치를 살펴라!"

바쁘지 않으면서도 좋은 성과를 낸다는 것이 꿈 속의 일처럼 느껴지는가?
당신은 바쁘지 않기 위해 어떤 노력을 하고 있는가?
하루에 열 시간 정도 일한다고 가정할 때, 당신은 어느 정도의 시간을, 바쁘지 않을 방법을 연구하는 데 할애하고 있는가?
성공하는 사람들은 바쁘지 않을 방법을 지속적으로 연구한다.
C씨는 영업 책임자다. 그는 20년 넘게 영업을 했다. 실적은 항상 최고였다. C씨의 성공 비결은 '일에 무작정 덤벼들지 않는 것'이라고 했다. 그는 '열심히 해서 잘하는 것은 바보짓'이라고 했다. 자신은 '열심히 하지 않으면서도 잘하는 것'을 추구한다고 했다. 그렇게 되려면 일에 무작정 덤벼들어서는 안 된다고 했다. 일에 대해 눈치를 봐야 한다고 했다. 전체적인 시각에서 판단하고, 체계적으로 분석한 후 시스템을 만들어야 한다고 했다. 그래야만 일을 즐기면서 하게 되고 성과도 더 잘 나온다고 했다. 그는 이런 주장을 했다.
"일에 무작정 덤벼드는 것은 바보짓이다. 일에 대해 눈치를 살핀 뒤에, 일을 달래가면서 해야 한다. 그러려면 리더는 절대로 바쁘면 안 된다."

C씨는 안타까움을 토로했다.

"하루에 그렇게 긴 시간 동안 일하면서, 정작 바쁘지 않을 방법을 연구하지 않다니……."

C씨는, 리더는 매일 일정한 시간을 할애하여 일하는 방법에 대해 고민해야 한다고 주장했다.

'어떻게 하면 바쁘지 않을 수 있을까?'

'어떤 일을 당장 그만두어야 하는가?'

'어떤 일을 새로 시작해야 하는가?'

'어떤 일을 더 많이 해야 하는가?'

'어떤 일을 더 적게 해야 하는가?'

리더가 이런 고민을 하는지 하지 않는지에 따라 그의 성공이 결정된다고 했다. 이런 성찰의 시간을 통해 비로소 여유롭게 성과를 낼 수 있다고 했다.

S씨는 중견 기업의 팀장이다. 사람들은 그를 커뮤니케이션의 달인이라고 했다. S씨는 겸손하고 편안한 사람이었다. 비결이 무엇인지 묻자 '상대방의 눈치를 살피는 것'이 자신의 비결이라고 했다.

상대방의 이야기를 들을 때 상대방의 감정이 어떤지 살피고, 상대방의 욕구가 무엇인지 알아차리는 것을 일컬어 '눈치를 살피는 것'이라고 했다. 상대방의 감정을 알아주고, 상대방의 욕구를 알아줄 때 사람들로부터 존중받는다고 생각했다. S씨는 이런 등식을 알려주었다.

'상대방의 감정과 욕구를 알아차리는 것 ＝ 상대방의 눈치를 살피는 것 ＝ 상대방을 배려하는 것 ＝ 인간관계의 지혜 ＝ 성공의 비결.'
S씨는 힘주어 말했다.
"리더는 직원들의 감정과 욕구를 먼저 살펴야 합니다. 리더가 일에 파묻혀 직원들을 제대로 살피지 못하면 직원들의 마음이 떠납니다. 그렇게 되면 직원들의 사기가 저하되고 성과도 나지 않습니다. 직원들과의 관계도 나빠집니다. 좋은 성과를 내기 위해선, 일을 하기에 앞서 직원들의 감정과 욕구부터 살펴야 합니다. 이게 바로 좋은 인간관계를 맺으면서 성과를 잘 내는 비결입니다."

이 책은 필자에게 코칭을 받았던 우리나라 조직 현장에서 일하는 리더들의 고민에 대한 이야기를 담고 있다. 필자와 리더들은 다음과 같은 구체적인 해결책을 찾았다.
- 절대로 바쁘지 마라.
- 사람을 육성하라.
- 자신의 생각을 의심하라.
- 부하 직원의 욕구를 파악하라.
- 세련되게 전달하라.
- 사람과 일에 대한 눈치를 살펴라.

흔히들 '눈치 본다'는 것을 부정적으로 생각하는 경향이 있다. 그러나 정작 눈치가 없으면 이런 핀잔을 듣게 된다.
"저 친구는 안하무인이야! 남의 기분은 아랑곳하지 않아!"

"저런, 미련 곰탱이 같으니라고!"

"저 친구는 너무 답답해! 눈치가 벽창호야!"

직장생활은 대부분 인간관계로 이루어진다. 눈치 없는 사람이 좋은 대인 관계를 통해 탁월한 성과를 내기란 거의 불가능에 가깝다. 필자가 만난 성공한 사람들은 모두 눈치 보기의 달인들이었다. 그들은 사람을 대할 때 상대방의 감정과 욕구를 살펴가면서 대화한다. 그들은 대인 관계가 좋고, 상대방의 마음을 잘 얻는다.

일을 할 때는 무작정 일에 덤벼들지 않는다. 먼저 일에 대해 살핀다. 어떤 성과를 얻고 싶은지, 예상되는 문제점은 무엇인지, 어떤 방식으로 처리할 것인지 미리 살피고 난 뒤에야 일을 시작한다. 이른바 일에 대해 '눈치'를 보는 것이다. 이런 사람은 결코 바쁘지 않다. 여유롭게 일하면서도 탁월한 성과를 낸다.

반대로 일에 대해 제대로 살피지도 않고 무작정 일에 덤벼드는 사람들과 상대방의 마음을 살피지 않는 사람들은 항상 갈등을 빚는다. 그래서 일에 파묻혀 살면서도 좋은 성과를 내지 못한다.

필자는 이를 통해 알게 되었다.

'사람에 대해 눈치를 살피는 것은 대인 관계의 지혜이고, 일에 대해 눈치를 살피는 것은 일을 잘하는 지름길이다. 리더는 절대 바쁘면 안 된다. 리더가 정신을 못 차릴 정도로 바쁘면, 일과 사람에 대해 제대로 살필 수 없게 된다.

리더는 여유를 가지고 일을 살피면서, 효과적으로 일해야 한다. 무작정 일에 덤벼들어 일에 매몰되어선 안 된다. 그리고 사람을 살펴야 한다. 그들이 어떤 욕구를 가지고 있는지, 어떤 어려움이 있는지, 무엇을 도와줘야 하는지 항상 살펴야 한다. 리더가 사람을 제대로 살필 때, 서로 좋은 관계를 맺으면서 좋은 성과를 낼 수 있다. 이런 것들을 제대로 해내기 위해선, 리더는 절대로 바쁘면 안 된다. 일시적으로 바쁜 것은 어쩔 수 없다 해도, 지속적으로 바쁘다면 문제가 있다. 다른 방법을 찾아야 한다. 그건 우리가 직장생활을 하는 목적에 위배되기 때문이다.

오늘 하루하루가 쌓여서 인생이 된다. 내일의 행복을 위해 오늘의 행복을 잠시 저당 잡힌다고 생각하는 사람들이 있다. 물론 오늘 하루를 잠시 저당 잡힐 수는 있겠지만, 이게 내일도 계속된다면, 그건 저당 잡힌 게 아니라 뺏긴 게 된다. 오늘 하루를 행복하게 살지 못하는 사람은 내일도 행복하게 살기 어렵다. 오늘 현재를 통해 행복을 느끼는 직장생활을 하려면, 리더는 절대로 바쁘면 안 된다. 바쁘지 않으려면 일과 사람에 대해 눈치를 살펴야 한다. 눈치 있는 리더만이 성공할 수 있다.'

흔히들 '리더'라고 하면 기업의 CEO나 임원, 팀장급을 떠올리는 경향이 있다. 그러나 초등학생들 사이에도 리더는 있고, 친구들 사이에도 리더가 있다. 다른 사람들에게 좋은 영향력을 미치고 있다면, 그 사람이 바로 리더다.

리더십은 영향력이다. 만약 당신이 직장에서 좋은 영향력을 미치고 있다면, 당신이 신입 사원이든 대리이든 직급에 관계없이 당신은 이미 리더다. 한편, 아무리 높은 직급의 사람이라 하더라도 다른 사람들에게 좋은 영향력을 미치지 못한다면, 우리는 그 사람을 리더로 인정하지 않는다.

승진한 지 오랜 시간이 지났지만 아직도 자신의 리더십에 부족함을 느끼는 사람들, 이제 막 승진해서 어떻게 리더십을 발휘해야 할지 고민하고 있는 사람들, 훌륭한 리더가 되기 위해 차분히 준비하고 있는 사회 초년생들, 어느 정도 리더십을 발휘하고 있지만 좀 더 영향력을 확대시키고 싶은 사람들에게 이 책을 권한다.

이 책은 리더십 이론서가 아니다. 조직 현장의 리더들이 겪고 있는 실제 사례이다. 필자가 그동안 강의와 코칭을 하면서 만난 리더들의 고민에 대한 이야기다. 이 책을 통해 바쁘지 않으면서도 좋은 성과를 내는 방법과 좋은 인간관계를 맺는 방법에 대해 알 수 있을 것이다.

이 책이 나오기까지 필자에게 존재의 구조에 눈뜨게 해주시고, 인간관계의 원리에 대한 가르침을 주신 선지식 마하보리사 자명 스님께 깊이 감사드린다. 그리고 글을 쓰는 과정에서 많은 피드백을 해준 사랑하는 아내 변정숙과 아들 현수, 딸 민지에게 감사를 전한다.

이 책을 읽는 모든 독자들이 여유롭게 좋은 성과를 내는 행복한 리더가 되길 바란다.

2013년 5월
김종명

차례

프롤로그 | 눈치 보는 리더가 성공한다_5

제1장 | 리더는 태어나는 게 아니라 만들어진다

실제보다 두 직급 높다고 생각하라_21 리더는 태어나는 게 아니라 만들어진다_25 일에 덤벼들지 말고, 먼저 사람을 연구하라_29 일의 목적을 명확히 하라_36 아이젠하워 법칙을 따르라_42

제2장 | 사람을 육성하라

사람을 육성하라_51 육성이란 관심을 가지는 것이다_55 부하 직원은 리더의 고객이다_60 장점을 먼저 보라_64 약점과 장점은 동전의 양면이다_69 한 발짝 떨어져서 바라보라_74 독화살을 먼저 뽑아라_79 부하들이 스스로 잘할 수 있다는 것을 믿어라_84 공포의 시간을 견뎌라_88

제3장 | 자신의 생각을 의심하라

뒤집어서 생각할 줄 아는 지혜_97 말하지 않으면 귀신도 모른다_107 장점이 지나치면 약점이 된다_114 자신의 생각을 의심하라_119 천당과 지옥은 자신의 생각 속에 있다_124 위기는 곧 기회다_128 마음을 비워야 비로소 들린다_133 자신이 틀렸음을 알아차리는 것이 깨달음이다_141

제4장 | 세련되게 전달하라

활용할 수 있는 자원을 최대한 활용하라_147   당연하다는 생각을 경계하라_153   스토리를 만들어라_158   세련되게 전달하라_164   상대방의 욕구를 먼저 파악하라_170

제5장 | 절대로 바쁘지 마라

리더, 일하지 마라_181   시스템을 연구하라_187   리더는 질문을 고민하는 사람이다_193   특단의 조치를 취하라_198   풀리지 않으면 생각을 뒤집어라_203

제6장 | 눈치 보는 리더가 성공한다

불평에 감사하라_213 질문으로 열정을 이끌어내라_222 자신의 일에 가치를 부여하라_227 독불장군은 없다_232 인생을 바꾸고 싶으면 생각을 바꾸라_238 귀는 열고 입은 닫아라_246 리더십은 알아차림이다_252 눈치 보는 리더가 성공한다_255

에필로그 | 홀로 존재하는 것은 없다_259
저자 후기 | 그래도 콩나물은 자란다!_266

제1장

리더는
태어나는 게 아니라
만들어진다

실제보다 두 직급 높다고 생각하라

강장수는 이번에 여러 명의 경쟁자를 제치고 과장으로 승진했다. 최유연 본부장이 강장수를 불러 승진을 축하해주었다.

"강 과장, 승진 축하하네! 차나 한잔하지."

"예, 본부장님. 감사합니다."

최 본부장이 물었다.

"강 과장, 이번에 자네가 승진한 이유가 뭐라고 생각하는가?"

장수는 머리를 긁적이며 말했다.

"아, 예. 부족한 저를 본부장님이 잘 보살펴주신 덕분에 승진한 것으로 알고 있습니다."

"어, 이 친구 보게…… 입에 발린 말을 하고 있구먼!"

"아~ 아닙니다, 본부장님, 진심입니다!"

장수는 손사래를 저으며 말했다.

"허허허! 이 친구 당황했구먼. 농담일세, 농담~. 너무 긴장하지 말게."

최 본부장이 너털웃음을 터뜨리며 말했다.

"강 과장, 이번에 회사에서 캐주얼 브랜드를 신규로 론칭하기로 했는데 자네가 MD(merchandiser)를 맡아줘야겠어."

"예? 제가 신규 브랜드 MD를요? 어이쿠! 영광입니다. 하지만 제가 그만한 능력이 될지 걱정입니다."

"그건 걱정하지 말게. 내가 사업부장으로서 적극 지원할 거니까!"

"감사합니다, 본부장님!"

장수가 머리를 조아리며 말했다.

"한데 말이야, 그게 약간의 문제가 있다네. 이번 신규 브랜드 론칭 예산이 5억밖에 되지 않는다네!"

"예? 5억이라고요?"

장수는 까무러칠 뻔했다. 보통 신규 브랜드 론칭에는 30억에서 50억이 소요된다. 최 본부장이 회사의 상황을 설명했다. 지금 대내외적으로 패션 환경이 좋지 않다. 안정적인 성장을 하려면 다양한 소비자를 확보해야 하는데 회사는 캐주얼 브랜드가 없다. 그래서 캐주얼 브랜드를 새로 시작하려고 한다. 문제는 돈이다. 돈이 많으면 척척 써가며 하면 되겠지만 회사의 자금 사정상 그렇게 할 수 없는 상황이다. 그래서 회사는 강장수와 최유연 본부장에게 이런 역할을 해주기를 요구하고 있다.

'아! 승진이 독이 든 성배인가? 여기서 시체가 되는 건가?'

장수는 몸에 소름이 돋았다. 그런 마음을 알아채기라도 한 듯 최 본부장이 말했다.

"강 과장, 어쩌면 이번 프로젝트가 자네와 나의 무덤이 될 수도 있네!"

'아~ 이 무슨 운명의 장난이란 말인가? 뼈 빠지게 일해서 이제 겨우 과장으로 승진했는데…… 죽음의 터널 속으로 들어가라니?'

이런 장수의 마음은 아랑곳하지 않고 최 본부장이 말을 이어나갔다.

"강 과장, 자네가 직접 팀을 꾸려주게. 디자인실장도 자네가 정하고, 생산 책임자 · 영업 책임자 모두 자네가 정하게. 나는 다른 일들도 많아서 이 일에만 전념할 수 없다는 걸 자네가 더 잘 알 걸세. 형식적으로는 내가 사업부장이지만, 실제로는 자네가 사업부장이라고 생각하게!"

장수는 짜증이 났다.

'이 무슨 귀신 씻나락 까먹는 소린가? 실제로는 내가 사업부장이라니? 그럼 나보고 모든 책임을 다 지라는 거야?'

최 본부장이 말했다.

"강 과장, 일을 할 땐 말이야, 자신의 직급보다 두 직급 높다고 생각하고 일하게! 자네가 지금 과장이니까 부장을 건너뛰어 상무라고 생각하면서 일하는 거지. 자네도 이런 말을 들어본 적이 있을 걸세. '과장 같은 신입 사원', '상무 같은 과장', '사장 같은 상무'. 이런 사람들은 자신의 직급을 실제보다 두 직급 높다고 생각하면서 일한다네. 그게 바로 그들이 성공하는 비결이지."

장수는 최 본부장의 말에 깜짝 놀랐다.

'뭐라고? 실제보다 두 직급 더 높다고 생각한다고? 그게 성공하는 비결이라고?'

장수는 한 번도 이런 생각을 해본 적이 없었다.

최 본부장이 계속해서 말했다.

"강 과장, 부담이 많이 되겠지만 그동안 자네가 보여준 능력으로 볼 때 충분히 잘할 것으로 생각되네. 이번에 자네의 열정과 능력을 마음껏 발휘해보게!"

리더는 태어나는 게 아니라 만들어진다

　MD는 패션 회사의 꽃으로, 디자인 아이템과 스타일 수를 확정하고, 이에 따른 생산 물량을 정하는 권한을 가지고 있다. 마케팅 전략에도 관여하고, 브랜드 홍보에도 영향력을 행사한다. 그리고 매장 전개 전략에도 개입한다. 매장 수에 따라 물량이 확정되기 때문이다. MD는 때론 사업부장 역할을 하기도 하고, 사장 역할을 하기도 한다. 어찌 보면 브랜드의 사장이라고 할 수 있다. 장수는 브랜드 MD가 되는 것이 꿈이었다. 그런데 이게 뭔가? 자신은 아직 아무것도 준비되지 않은 데다, 여건도 너무 나쁘다. 이런저런 생각에 잠겨 있는 장수에게 최 본부장이 말했다.

　"강 과장, 자네를 오랫동안 지켜보았네. 나는 자네가 MD 역할을 누구보다 더 잘할 거라고 믿네."

　장수는 등골이 오싹해지면서 온몸에 한기를 느꼈다.

"본부장님, 저는 아무 준비도 되어 있지 않은데…… 어떻게 해야 할지 막막하기만 합니다."

"강 과장, 자네는 이제 리더일세. 그러니 리더의 역할에 대해 고민해보게."

"예? 리더의 역할에 대해 고민해보라고요?"

"그래. 조직에는 세 단계의 사람들이 있다네.

첫째, 자기 혼자서만 잘하는 사람

둘째, 다른 사람들과 함께 잘하는 사람

셋째, 다른 사람들이 잘할 수 있도록 도와주는 사람

이 세 번째 단계의 사람이 바로 리더일세! 리더는 혼자 일하는 게 아니라, 다른 사람들이 잘할 수 있도록 도와주고, 그들이 성공할 수 있도록 성과를 한곳으로 모아주는 역할을 하는 사람이지."

장수는 속으로 중얼거렸다.

'리더는 혼자서 일하는 사람이 아니라, 다른 사람들이 잘할 수 있도록 도와주는 사람이다?'

최 본부장이 물었다.

"많은 사람들이 승진하기 전에는 일을 잘하다가 정작 승진하고 나선 실패하는 경우가 많은데, 그 이유가 뭔지 아는가?"

장수가 되물었다.

"예? 승진하기 전에는 일을 잘하다가 정작 승진하고 나선 실패한다고요?"

"그렇지! 그 이유가 뭐라고 생각하는가?"

장수는 선뜻 대답하지 못했다. 장수는 실제로 선배들이 승진하고 나서는 오히려 예전보다 더 힘들어하고 자신의 역할을 제대로 하지 못하는 것을 많이 보아온 터였다. 이제 막 승진한 장수도 리더의 역할에 대해 고민하고 있었다.

장수의 이런 고민을 알고 있기라도 한 듯 본부장이 말했다.

"그건 말이야, 무작정 일에 덤벼들기 때문에 실패하는 거라네. 리더로 승진하고 나면 무작정 일에 덤벼들지 말고, 먼저 리더의 역할에 대해 잘 살펴야 한다네. 자네도《블루오션 전략》이라는 책을 본 적이 있겠지만, 그 책에서 말하는 것처럼 리더로서 새로운 가치를 만들기 위해선, 예전에 하던 일 중에서 무엇을 그만두어야 하는지(제거, eliminate), 어떤 일을 새롭게 해야 하는지(창조, create), 어떤 일을 줄여야 하는지(감소, reduce), 어떤 일을 더 집중해서 해야 하는지(증가, raise), 리더의 역할에 대해 심각하게 고민해야 하네. 그런데 많은 사람들이 이런 고민을 하지 않고, 그냥 예전 방식대로 일하는 경향이 있지. 바로 여기서 문제가 생긴다네."

장수는 깜짝 놀랐다.

'예전 방식으로 일하면 문제가 생긴다?'

최 본부장은 지그시 눈을 감았다. 본부장은 무언가 중요한 내용을 말하기 전에 잠시 눈을 감고 생각하는 버릇이 있었다. 이윽고 본부장이 입을 열었다.

"강 과장! 많은 사람들이 자기가 일을 잘하기 때문에 승진했다고 생각하는데, 그건 착각에 불과하네."

장수는 최 본부장의 말이 도무지 이해가 되지 않았다. 장수가 물었다.

"본부장님, 일을 잘하기 때문에 승진하는 게 아니라면, 그럼 무엇 때문에 승진을 시키나요?"

최 본부장은 한숨을 내쉬었다.

"그건 말이야, 리더의 역할을 하라는 거지. 혼자 잘하는 단계를 벗어나서 다른 사람들이 모두 잘할 수 있도록 도와주는 역할을 하라는 걸세. 회사의 더 큰 성과를 위해 다른 사람들의 역량을 결집시키는 역할을 하라는 거지. 그런데 정작 리더란 사람이 부하 직원들은 거들떠보지도 않고 자기 혼자 잘하려 한다면 어찌 되겠나? 이런 사람은 리더의 자격이 없는 사람이라네. 이런 사람은 정작 바쁘기만 하고 성과를 제대로 내지 못하지. 그리고 직원들의 존경을 받기는커녕 원성만 사게 되어 결국 실패하는 거라네."

장수는 최 본부장의 말에 정신이 번쩍 들었다.

'리더는 혼자 일하는 사람이 아니라, 다른 사람들이 모두 잘할 수 있도록 도와주는 사람이다……'

최 본부장이 말했다.

"많은 사람들이 승진만 하면 저절로 리더가 된다고 생각하는데, 그건 착각이야. 리더는 저절로 되는 게 아니라, 피나는 노력에 의해 만들어지는 거라네!"

"예? 리더는 저절로 되는 게 아니라, 피나는 노력에 의해 만들어지는 거라고요?"

"그렇지. 리더의 역할에 대해 끊임없이 공부하고 노력할 때, 비로소 리더가 되어가는 거지. 그런데 안타깝게도 많은 사람들이 리더의 역할에 대해 공부하질 않는다네. 정말 슬픈 일이야……"

일에 덤벼들지 말고, 먼저 사람을 연구하라

장수는 속이 타들어가는 것 같았다. 장수 자신도 과장으로 승진한 뒤에 어떻게 하면 리더의 역할을 잘할 수 있을까 고민했지만 뾰족한 해답을 찾지 못하고 있었다. 장수가 물었다.

"본부장님, 그럼 리더는 어떻게 일해야 합니까?"

최 본부장이 마치 그 질문을 기다리고 있었다는 듯 장수의 말을 낚아챘다.

"그게 바로 문제라네! 리더가 왜 자꾸 일을 하려고 하는가? 리더는 일을 하는 게 아니라, 먼저 사람을 연구해야 한다네."

장수가 놀라며 물었다.

"예? 리더는 일을 하는 게 아니라, 먼저 사람을 연구해야 한다고요?"

최 본부장이 미소를 지으며 대답했다.

"그렇지. 많은 사람들이 리더의 역할에 대해 고민하기보다는 어떻게 하면 일을 잘할 수 있을까를 고민하는데, 이건 순서가 뒤바뀐 거라네. 일은 사람이 하는 건데, 일하는 사람에 대한 연구는 하지 않고 덥석 일을 먼저 붙들고 늘어지면 낭패를 당할 수밖에 없다네."

장수는 최 본부장의 말이 궤변처럼 들렸다.

'사람에 대한 연구를 하지 않고, 일을 먼저 붙들면 낭패를 당한다?'

최 본부장이 약간 흥분한 목소리로 말했다.

"자네도 많이 봐왔겠지만, 회사엔 네 종류의 사람이 있다네.

첫째, 시키는 일도 제대로 못하는 사람

둘째, 시키는 일만 잘하는 사람

셋째, 시키지 않아도 스스로 잘하는 사람

넷째, 와~ 하는 감탄을 불러일으킬 정도로 잘하는 사람이지."

장수는 최 본부장이 직원들을 네 부류로 구분한다는 것은 잘 알고 있었다. 본부장은 직원들에게 스스로 어떤 종류의 사람인지 생각해보라고 틈날 때마다 말했다.

- 능력도 없으면서 열정도 없는 사람
- 능력은 있지만 열정이 없는 사람
- 능력은 없지만 열정이 있는 사람
- 능력도 있고 열정도 뛰어난 사람

최 본부장은 능력이 부족한 건 개발하면 되지만, 열정이 부족한 건 심각한 문제라고 했다. 최 본부장에겐 직원들을 대하는 자신만의 지론이 있었다.

'직원들을 똑같이 대하는 것은 공정한 게 아니다. 상황에 맞게 직원들을 다르게 대하는 것이 오히려 공정한 것이다. 직원들의 능력과 열정에 맞추어 대우해야 한다.'

최 본부장의 주장은 이렇다.

'능력도 있고 열정도 뛰어난 사람은 마음껏 일할 수 있는 여건을 만들어줘야 한다. 믿고 맡겨야 한다. 위임(delegation)하고 임파워(empower, 믿고 맡긴 뒤엔 기다려주는 것)해줘야 한다.

반면, 능력은 있지만 열정이 부족한 사람은 열정을 이끌어내야 한다.(동기 부여, motivation)

그리고 능력은 없지만 열정이 있는 사람은 교육을 통해 육성해줘야 한다.(교육, training)

마지막으로, 능력도 없고 열정도 없는 사람은 지시하고, 명령하고, 통제해야 한다.(지시, direction)

직원들을 모두 똑같이 대해야 한다고 생각하는 사람들이 있는데, 이 네 종류의 직원을 모두 똑같이 대하는 것은 그들을 공정하게 대하는 것이 아니다. 이는 모두를 망치는 길이다. 직원들의 처지에 맞추어 대우하는 것이 오히려 직원들을 살리는 것이다. 상황과 처지에 맞게 직원들을 차별대우해야 한다. 그러기 위해선 직원들에 대해 철저히 연구해야 한다.'

평소에 장수는 최 본부장의 이런 주장이 일리가 있다고 생각하고 있었다.

최 본부장이 말했다.

"강 과장, 무작정 일에 덤벼들지 말고, 먼저 부하 직원들부터 철저히 연구하게. 부하 직원들을 단체로 싸잡아서 뭉텅이로 봐선 안 된다네. 부하 직원들을 일일이 개별적인 한 사람으로 봐야 한다네. 부하 직원들 각자의 장점이 무엇인지, 약점이 무엇인지는 기본적으로 꿰차고 있어야 해. 거북이에게 육상을 시키고, 토끼에게 수영을 시키는 잘못을 저질러선 안 되지 않겠나?"

"예? 거북이에게 육상을 시키고, 토끼에게 수영을 시키는 잘못을 저질러선 안 된다고요?"

"그렇지! 부하 직원들 각자의 역량을 잘 파악해서 적재적소에 배치해야 그들의 능력이 제대로 발휘되지 않겠나? 그러나 그것만으론 부족하지. 부하 직원들 각자의 꿈이 무엇인지, 어떤 경우에 일을 잘하고 싶은 의욕이 생기는지, 어떤 것을 인정받고 싶은지, 그 사람을 움직이게 하는 힘이 무엇인지, 그 사람 전반에 대해 연구해야 한다네. 이건 리더가 해야 할 기본 중의 기본이라네. 자동차를 운전하기 전에 사용 설명서를 충분히 읽어야 하는 것과 같은 이치지. 부하 직원들이 신나게 일할 수 있도록 만드는, 이른바 '부하 사용 설명서'를 읽고 난 뒤에 직원들을 대해야 한다는 말일세. 절대로 부하 직원들을 뭉텅이로 싸잡아서 똑같이 대하는 오류를 범하지 말게! 무작정 일에 덤벼들지 말고, 먼저 부하 직원들부터 연구하게!"

'뭐라고? 무작정 일에 덤벼들지 말고, 먼저 부하 직원들부터 연구하라고?'

장수는 최 본부장의 말에 어느덧 빨려들어가고 있었다.

"강 과장, 사람들은 스타일이 서로 다르다네. 어떤 사람은 처음부터 차근차근 모든 걸 알려줘야 하는가 하면, 또 어떤 사람은 전체 그림을 알려준 뒤에 스스로 알아서 하라고 맡기는 걸 좋아하는 사람도 있지."

장수는 속으로 생각했다.

'아, 그래서 그랬구나! 이건 이렇게 하고, 저건 저렇게 해라. 선배들이 처음부터 미주알고주알 모든 걸 챙길 때 나는 숨이 막혔었지. 이 일을 왜 하는지를 알려주고, 언제까지 결과를 내야 하는지, 전체적인 큰 그림을 알려주고 난 뒤에 스스로 알아서 해보라고 모든 걸 맡겨줄 때 나는 일을 더 잘했었지. 이게 바로 내가 좋아하는 스타일이구나!'

최 본부장이 나직하게 말했다.

"강 과장, 리더는 자신을 세일즈맨이라고 생각해야 한다네!"

장수가 어리둥절해하며 물었다.

"예? 무슨 말씀이신지……."

최 본부장이 말했다.

"자네, 이런 느낌이 들었던 적이 있는가?

'저 사람하고는 같이 일하기 싫다.'

'아~ 저 사람은 나를 특별하게 여기는구나!'

부하 직원들이 이런 말을 하는 건 말이야, 모두 리더의 태도 때문이라네."

최 본부장의 말은 이랬다.

'사람들은 저마다 타고난 기질이 다르고, 커뮤니케이션 스타일도 다르다. 그런데도 부하 직원들의 고유한 스타일을 존중하지 않고, 오직 리더 자신의 스타일대로만 일을 시키면 부하 직원들은 힘들어한다. 이건 부하 직원들을 고문하는 것과 다름없다.

그럼에도 불구하고 많은 리더들이 정작 일하는 사람이 좋아하는 방식은 살피지 않고, 오직 리더 자신이 좋아하는 방식으로 일을 시키곤 하는데 그야말로 멍청한 짓이다. 이건 물고기를 잡을 때 낚싯밥으로 물고기가 좋아하는 지렁이를 주는 게 아니라, 낚시꾼 자신이 좋아하는 음식을 주는 것과 같은 꼴이다.

부하 직원들의 열정을 이끌어내기 위해 리더는 세일즈맨이 되어야 한다. 세일즈맨이 고객을 연구하듯이, 리더는 자신의 스타일을 철저히 알고 있어야 하고, 동시에 부하 직원들의 기질과 스타일에 대해서도 철저하게 연구해야 한다. 자신의 스타일대로 일을 시키면 좋아하는 사람도 있지만, 불편해하는 사람도 있다. 자신의 스타일과 부하 직원들의 스타일을 잘 알아서 그에 맞게 일을 시켜야 한다. 《손자병법》에 '지피지기 백전불태(知彼知己 白戰不殆)'라는 말이 있듯이, 나를 알고 부하 직원들을 알아야 위태롭지 않다. 부하 직원들에 대해 연구하고 공부하라!'

장수는 최 본부장의 말을 들으면서 부끄러웠다. 장수는 승진한 기쁨에 들뜬 나머지 리더의 역할에 대해 공부해야 한다는 생각을 하질 못했다. 그저 열심히 일하면 되겠지 하고 막연하게만 생각했던 것이다. 진정한 리더가 되기 위해선 '일에 무작정 덤벼들지 말고 먼저 사람을 연구하라'는 최 본부장의 말은 장수의 가슴을 때렸다.

최 본부장이 말했다.

"강 과장, 나는 자네를 믿네. 비록 이제 막 승진하긴 했지만, 자넨 MD 역할을 잘 해낼 걸세. 나는 자네의 능력과 열정을 익히 알고 있지."

장수는 여러 감정이 교차했다. 대학에서 의류학을 전공하면서부터 꿈꾸어온 MD였다. 말할 수 없는 희열이 차올랐다. 그러나 그 희열은 이내 공포로 다가왔다.

'과연 내가 MD 역할을 잘해낼 수 있을까? 혹시 이 자리가 내 무덤이 되는 건 아닐까?'

일의 목적을 명확히 하라

장수는 최 본부장의 방에서 나오다가 복도에서 입사 동기인 생산부 하태만 대리와 마주쳤다.

"어이, 강장수! 이번에 승진한 거 축하해."

"그래, 고마워."

"한데 얼굴 표정이 그게 뭐야? 꼭 죽을상이네."

"어~ 그게 말이야……."

장수는 더듬거렸다.

"강장수! 아니, 이젠 강 과장님이지…… 강 과장님, 오늘 동기들에게 한턱 쏴야지!"

"그럴까? 그럼 네가 동기들에게 연락해줄래? 7시에 회사 앞 이자카야에서 보자."

장수가 7시 조금 지나 이자카야에 도착했을 때에는 이미 동기들이 왁자지껄 떠들고 있었다. 그중에서 생산부 하태만 대리와 영업부 김정열 대리는 형제처럼 친하게 지내는 사이였다.

"자, 모두 한잔씩 따르라고! 우리 장수가 동기 중에서 제일 먼저 승진했는데 축하해주자고! 모두 건배! 우리 동기들의 승승장구를 위하여!"

"위하여!"

"위하여!"

술잔이 몇 순배 돌고 난 뒤에 하태만 대리가 물었다.

"강 과장, 무슨 일 있어? 아까부터 표정이 좋지 않던데……."

장수는 자초지종을 설명했다.

"뭐라고? 너한테 신규 브랜드 MD를 맡겼다고? 야, 이제 갓 과장이 된 너에게? 그건 말도 안 돼! 그리고 뭐…… 신규 브랜드 론칭 예산이 5억이라고? 소가 다 웃겠다."

하태만 대리가 핏대를 올렸다.

"아니, 꼭 그렇게 볼 것만은 아니지. 강 과장이 능력 있으니까 MD를 시킨 거고, 그리고 지금 회사 사정이 좋지 않으니까 이를 계기로 돌파구를 삼으려 하는 거잖아. 오히려 강 과장에겐 더 좋은 기회가 될 수도 있어."

김정열 대리가 대꾸했다.

"야, 무슨 말도 안 되는 소릴 하고 있어? 신규 브랜드를 론칭하려면 적어도 50억은 있어야 한다니까! 내가 생산부에 있어서 잘 알아!"

"그거야 하기 나름이지…… 꼭 50억이 있어야 한다는 법이 어디 있냐?"

하태만과 김정열은 서로 지지 않으려는 듯 핏대를 올렸다. 그때 조용히 웃고 있던 박미소 디자인실장이 말했다.

"강 과장님, 이번에 어려운 일을 맡으셨군요. 이번 일이 큰 기회가 될 수도 있고, 큰 위기가 될 수도 있겠네요."

박미소 실장은 장수보다 한참 고참이다. 하지만 장수의 동기들이 입사할 때 디자인실장으로 스카우트되어 입사 교육을 함께 받은 인연으로 동기 모임에 나오고 있었다.

"예, 실장님. 저도 그렇게 생각합니다만 어떻게 해야 할지 그저 막막하기만 합니다."

"제가 강 과장님에게 도움 될 만한 사람을 소개시켜줄까요?"

"소개요? 어떤 사람인데요?"

"브랜드 디렉터예요."

"브랜드 디렉터요? 그런 직업도 있습니까?"

"예. 우리나라에서는 생소하지만, 유럽에선 이런 역할을 하는 사람들이 많아요. 브랜드에 대한 총지휘자라고나 할까요."

"우리나라에는 없지만, 유럽에는 많다고요?"

"예, 제 친구 남편인데 이탈리아 사람이에요. 한국말도 잘해서 통역도 필요없어요."

"아이고…… 감사합니다. 실장님, 제발 좀 소개시켜주십시오."

동기들과 호프 한잔을 더 하고 나니 12시가 넘었다. 장수는 술을 제법 많이 마셨는데도 정신이 또렷했다. 박미소 실장의 말이 머릿속을 맴돌았다.

'이번 일이 큰 기회이기도 하고 동시에 큰 위기이기도 하다.'

실제로 그랬다. MD는 패션 회사에서 사장만큼 중요한 역할을 한다. 사업의 처음부터 끝까지 챙겨야 하기 때문에 총괄 MD는 주로 부장급 이상이 맡는다. 이제 막 과장이 된 장수에겐 벅찬 역할이다. 반면에 성공하면 패션업계에서 우뚝 서게 된다. 브랜드가 성공하면 디자인실장과 함께 MD의 위상도 천정부지로 올라간다. 브랜드 총괄 MD는 패션 회사에 근무하는 사람이라면 누구나 되고 싶어 하는 꿈의 자리다. 그런데 장수에게 이 자리가 너무 빨리 찾아왔다. 보조 MD를 몇 년 동안 하고 나서 총괄 MD를 맡으면 자연스러웠을 것이다. 하지만 지금의 장수에겐 너무 벅찬 일이다. 그야말로 장수에겐 직장생활에 있어 일생일대의 큰 기회이지만 동시에 최고의 위기이기도 하다. 장수는 지금이 자신의 직장생활에서 최대 분수령이 될 거라는 생각이 들었다. 장수는 마음이 급하고 초조해졌다. 집에 와서도 머리가 복잡했다. 그 바람에 밤새 잠을 이루지 못하고 뒤척거렸다.

다음 날 아침, 장수는 박 실장에게 소개받은 조르지오가 생각났다. 장수는 휴대폰을 눌렀다. 전화기에서 들려오는 조르지오의 목소리는 깐깐했다. 한국말 발음이 약간 어눌했지만 알아들을 수 있었다.

"홍대 앞 스타벅스에서 만나자고요? 예. 감사합니다."

장수는 조르지오와 오전에 통화를 하고 그날 오후에 바로 만났다.

"안녕하세요? 조르지오 씨, N패션의 강장수입니다."

"안녕하세요? 강장수 씨."

조르지오는 훤칠했다. 키가 180센티미터는 훨씬 넘어 보였다. 약간 깡마른 몸에선 강단이 느껴졌다.

"강장수 씨는 성격이 급하신가 봐요?"

"예? 제가 성격이 급하다고요?"

"오늘 아침에 통화하면서, 당장 오후에 만나자고 하는 걸 보니 말입니다."

"아, 그렇군요. 제가 워낙 다급해서……."

"그럼, 제가 무엇을 도와드리면 될까요?"

순간 장수는 당황했다. 박 실장의 말을 듣고 지푸라기라도 잡는 심정으로 무작정 조르지오를 만나러 나왔다. 그런데 조르지오는 자신에게 '어떤 도움을 받고 싶은가'를 묻고 있었다. 장수는 구체적으로 어떤 도움을 받고 싶은지 생각해보지 않았다.

"글쎄요…… 제가 이번에 신규 브랜드 MD를 맡게 되었습니다. 뭘 어떻게 해야 할지 도통 모르겠습니다. 뭘 도움받아야 할지조차 모르겠네요…… 허허허~."

장수는 멋쩍은 웃음을 흘렸다. 순간, 조르지오의 얼굴이 살짝 일그러졌다.

"무엇을 도움받아야 할지 모르겠다?"

조르지오가 한심하다는 듯 중얼거리더니 이어 말했다.

"그럼, 오늘 제가 강장수 씨에게 도와줄 일은 없을 것 같군요. 제가 MD의 역할에 대해 처음부터 끝까지 강의하듯 알려줄 수도 없는 일이고……. 그렇지만 박 실장과 제 아내의 친분을 생각해서 다시 한 번 기회를 드리겠습니다. 저에게 어떤 도움을 받고 싶은지 확실히 알고 난 다음에 다시 만날까요?"

장수는 얼굴이 달아올랐다. 창피하기도 하고 화가 나기도 했다. 그런데 지금 화가 나는 게 누구를 향한 건지 분명하지 않았다. 무책임하고 무능력한 자신에 대해 화가 나는 것 같기도 하고, 분명하게 자기 의견을 밝히는 조르지오에게 화가 나는 것 같기도 하고…… 도무지 종잡을 수가 없었다. 침묵을 깨고 조르지오가 말했다.

"다음에 만날 때는 제가 왜 스타벅스에서 만나자고 했는지 그 이유에 대해서도 생각해보고 오실래요?"

장수는 황당했다. 누군가를 만나러 오면서, 만나는 목적조차 모르고 나온 사람이 돼버렸다. 마치 어떤 일을 시작하면서 그 일을 왜 하는지, 일의 목적이 무엇인지, 어떻게 되기를 바라는지, 어떤 방법으로 할 것인지 등에 대해 전혀 생각해보지도 않고, 무작정 일에 덤벼든 꼴이 되고 말았다. 그러나 장수는 분명한 목적이 있었다. 조르지오에게 뭔가 조언을 구하고 싶었다. 한데 그게 더 창피한 일이었다. 장수는 지금 자신의 운명을 조르지오에게 맡긴 채 응석을 부리고 있는 게 아닌가? 게다가 조르지오는 한술 더 떠서 마치 초등학생에게 선생님이 숙제를 내주듯, 자신에게 숙제까지 내주었다.

'왜 스타벅스에서 만나자고 했는지 이유를 생각해보라…….'

아이젠하워 법칙을 따르라

장수는 조르지오와의 민망한 만남을 뒤로하고 사무실로 돌아왔다. 책상 위에 메모가 있었다.

'강 과장, 들어오면 내 방으로 좀 오게. 최유연 본부장.'

장수는 곧바로 최 본부장의 방으로 갔다.

"본부장님, 강장습니다."

"그래, 어서 오게."

최 본부장은 얼굴 가득 웃음을 머금고 반겨주었다.

'무슨 좋은 일이라도 있나? 나는 막막하기만 한데……'

"그래, MD를 맡고 나서 하루가 지났는데 소감이 어떤가?"

'이건 또 무슨 소리야? 이제 하루밖에 지나지 않았는데 벌써 챙기는 거야?'

장수는 살짝 짜증이 났다.

"자네, 뭐부터 시작하려고 하는가?"

"예? 브랜드 론칭 스케줄을 말씀하시는 건가요?"

"아니, 아닐세! 벌써 론칭 스케줄이라니……."

최 본부장이 손사래를 치며 말했다.

"그럼, 뭘 말씀하시는 건지……."

"그게 말이야, 자넨 일을 시작하면 물불 가리지 않고 달려드는 스타일이라서……."

장수는 최 본부장의 말에 기분이 상했다.

'이건 또 무슨 뚱딴지같은 소리야…… 내가 물불 가리지 않고 달려든다고? 그럼 열심히 일하는 게 나쁘다는 거야? 뭐야?'

하지만 최 본부장은 장수의 이런 기분을 아랑곳하지 않고 말을 이어갔다.

"그러니까 내 말은…… 뭐가 급한 일이고, 뭐가 중요한 일인지 잘 가려가면서 일하라는 걸세!"

'뭐가 급한 일이고, 뭐가 중요한 일인지 가려가면서 일하라?'

장수는 최 본부장의 말을 알 것 같기도 하고 모를 것 같기도 했다. 아리송했다.

"강 과장, 급한 일에 쫓기다 보면 정작 중요한 일을 놓치는 수가 있네. 그러니까 무작정 열심히 하는 게 아니라, 브랜드 론칭과 관련해서 가장 중요한 일은 무엇이고, 급한 일은 무엇인지를 잘 생각해보게!"

'중요한 일은 무엇이고, 급한 일은 무엇인지 잘 생각해보라?'

장수는 생각이 뒤죽박죽 엉켜버린 채 심란한 마음으로 본부장실을 나왔다. 집에 돌아와서도 조르지오가 한 말과 최 본부장이 했던 말이 잘 이해되지 않았다. 조르지오는 장수가 어떤 도움을 받고 싶은지도 모르고 있다고 했다. 또 최 본부장은 중요한 일과 급한 일을 구분해서 생각하라고 했다.

'중요한 일과 급한 일이라?'

장수는 책상에 앉아 생각에 잠겼다. 그때 책장에 꽂혀 있는 책이 눈에 들어왔다.

《명상 길라잡이》.

장수는 눈을 감았다. 작년에 배웠던 명상이 떠올랐다.

'숨을 내쉬면서 내쉬는 것을 알아차리고, 숨을 들이마시면서 들이마시는 것을 알아차린다. 숨을 들이마시면서 하나를 세고, 숨을 내쉬면서 둘을 센다. 계속해서 열까지 세고 난 뒤에는 다시 하나부터 시작해 열까지 반복해서 센다. 중간에 숫자가 틀리면 다시 시작한다. 들이마시면서 하나, 내쉬면서 둘, 들이마시면서 셋, 내쉬면서 넷, 들이마시면서 다섯, 내쉬면서 여섯……'

얼마나 시간이 흘렀을까, 장수는 시계를 봤다. 5분이 조금 지났다. 겨우 5분밖에 지나지 않았는데도 마음이 편안해지면서 머리가 맑아졌다. 낮의 일들이 주마등처럼 떠올랐다.

'나는 오늘 조르지오에게 어떤 도움을 받고 싶었을까? 잘 모르겠지만 뭔가 도움을 받을 수 있을 거라는 생각은 있었다. 그런데 브랜드 디렉터라는 게 뭐지? 아, 맞아! 이걸 왜 물어보지 않았을까? 그리고 조르지오는 나에게 어떤 도움을 줄 수 있을까? 그래, 이것도 물어봤으면 좋았을 텐데……. 온갖 상념이 떠올랐다가 사라지고 또 떠올랐다가 사라지기를 반복했다. 머리가 맑아지면서 내가 무엇을 원하고 있는지, 무엇을 불안해하고 있는지 희미하게 느껴졌다. 아~ 최 본부장이 말한, 중요한 일부터 먼저 시작하라는 게 바로 이런 건가?'

이런저런 생각에 잠겨 있던 장수는 무릎을 세게 쳤다.

'그래, 바로 이거구나!'

장수는 지난해 워크숍에서 배웠던 아이젠하워 법칙이 생각났다. '아이젠하워 법칙을 따르라'라는 제목의 강의 내용은 이랬다.

'열심히 일하는데도 왜 성과가 잘 나지 않는가?'

'왜 아무리 열심히 해도 항상 바쁘기만 한가?'

그건 아무 생각 없이 일에 뛰어들기 때문이다. 일하기 전에 반드시 일에 대해 명상하라. 하루를 마감할 때도 10분 정도 일에 대해 명상하라. 일에 대한 명상이란, 일단 일에서 떨어져 일을 살피는 것이다. 아이젠하워 법칙에 따라 먼저 일을 분류하는 것이다. 하루 일과를 시작할 때와 마칠 때, 아이젠하워 법칙에 따라 일을 분류하고 정리하라.

아이젠하워 법칙은 미국의 아이젠하워 대통령이 사용했던 방법이다. 아이젠하워 대통령은 무작정 일하는 것이 아니라, 일을 먼저 네 가지로 분류한 다음에 처리했다. 그 결과 그 누구보다 많은 일을 처리했지만, 항상 여유로웠고 성과도 좋았다. 아이젠하워 대통령은 일을 시작하기 전에 먼저 일을 A, B, C, D로 분류했다.

A. 긴급하면서도 중요한 일

B. 중요하지만 긴급하지는 않은 일

C. 긴급하긴 하지만 중요하지는 않은 일

D. 중요하지도 않고 긴급하지도 않은 일

아이젠하워 대통령은 제일 먼저 '긴급하면서도 중요한 A'를 처리했다. 그리고 '긴급하긴 하지만 중요하지는 않은 C'의 경우 직접 처리하지 않고 다른 사람에게 위임했다. 그리고 '중요하지도 않고 긴급하지도 않은 D'는 처리하지 않고 버렸다.

문제는 B다. 지금은 긴급하지 않지만, 중요한 일이다. 이 일은 시간이 지나면 결국 긴급한 일이 되고 만다. 아이젠하워 대통령은 B를 처리하는 데 많은 시간을 쏟았다. B는 지금은 긴급하지 않기 때문에 비교적 여유를 가지고 처리할 수 있었다. 그러면 좀처럼 '긴급하면서도 중요한 A'는 좀처럼 발생하지 않는다. 이게 바로 똑같이 일하면서도 여유로운 비결이다.

강사는 반드시 일에 대해 명상할 것을 강조했다.

매일 아침 일을 시작하기 전에 자신의 일을 A, B, C, D로 구분하라. C는 위임하고, D는 과감히 버려라. 이런 일로 시간을 낭비하지 마라. 제일 먼저 A를 처리하라. 그다음에는 B를 처리하라. B는 그냥 내버려두면 나중에 반드시 A가 된다. B를 처리하는 게 습관이 되면, A는 좀처럼 생기지 않는다. 이게 바로 여유롭게 일하면서도 좋은 성과를 내는 비결이다.

그리고 하루를 마감할 때도 자신이 하루 동안 처리한 일에 대해 A, B, C, D로 구분하라. 일을 시작하기 전의 10분 명상과 일을 마무리할 때의 10분 명상이 모이면 엄청난 결과를 초래한다. 일을 여유롭게 하면서도 좋은 성과를 내는 사람들은 이처럼 일에 대해 명상을 한다. 열심히 일하는데도 성과가 잘 나지 않는다면 반드시 '일에 대해 명상하라'.

장수는 주먹을 불끈 쥐며 다짐했다.

'그래, 매일 아침저녁으로 일에 대해 명상하자. 아이젠하워 법칙을 따르자!'

제2장

/

사람을
육성하라

사람을 육성하라

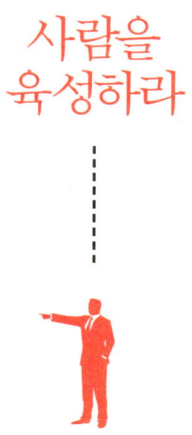

장수는 오랜만에 잠을 푹 잤다. 머리가 상쾌했다. 장수는 일어나자마자 책상다리를 하고 앉아 명상을 시작했다. 숨을 들이쉬면서 하나, 숨을 내쉬면서 둘…….

'오늘 내가 해야 할 일이 뭐지? ……중요한 일은 뭐지? 긴급한 일은 뭘까? 일에 어느 정도 거리를 둔다는 게 뭐지?'

장수는 이런저런 생각을 하면서 약 10분 동안 명상했다.

'그래, 오늘은 서점에 가보자. 책 속에 길이 있다고 했겠다?'

장수는 점심시간을 이용해서 대형 서점을 찾았다. 브랜드 마케팅, 패션 마케팅, 브랜드 비즈니스 등 각종 책들이 장수를 반겼다. 장수는 브랜드와 관련된 책들을 몽땅 쓸어 담았다.

'책에 뭔가가 있을지도 몰라…….'

장수는 뿌듯한 마음으로 사무실로 돌아왔다.

"강 과장님, 안녕하세요? 신새롬 사원입니다. 최유연 본부장님이 강 과장님과 함께 일하라고 보내셨습니다. 잘 부탁드립니다."

'어? 사원이라고? 아니, 본부장님은 나보고 사람을 뽑으라더니 자기가 벌써 뽑아 보냈어? 이거 뭐야? 나는 아직 팀을 어떻게 짤지 구상도 안 돼 있는데…… 게다가 신입 사원이라니…….'

장수는 엉겁결에 인사했다.

"아~ 예…… 반갑습니다."

"그런데 과장님, 저는 무슨 일을 하면 되나요?"

장수는 어리둥절했다.

'아직 내가 해야 할 일이 뭔지도 모르는데 직원부터 배정해 주다니…… 어제는 천천히 하라더니 벌써 밀어붙이는 거야?'

그래도 과장 체면에 모른다고 할 수도 없는 일이었다. 고민 끝에 장수가 입을 열었다.

"예. 그럼 신새롬 씨는 오늘부터 명동에 나가서 시장조사를 해주세요."

"예? 시장조사를 하라고요? 어떻게 하는 건데요?"

'이거 뭐야? 시장조사하는 방법도 모르는 사람을 데리고 같이 일하라고?'

장수는 순간 짜증이 났지만 꾹 눌러 참았다.

"그러니까, 그게…… 신새롬 씨 나름대로 명동에 있는 캐주얼 브랜드 시장조사를 해보세요."

"예? 제가 알아서 하라고요?"

"예. 아직 시간이 충분하니까 새롬 씨 나름대로 한번 해보세요."

장수는 예전에 얼핏 들었던 신새롬에 대한 소문이 생각났다.

"우리 부서에 신새롬이라고 신입 사원이 한 명 들어왔는데, 이건 신세대 대표 주자야~. 무슨 생각을 하며 사는지 도무지 알 수가 없어…… 그야말로 천방지축이야."

장수는 고생문이 훤하게 열렸다는 생각이 들었다.

그때 최 본부장이 호출했다.

"강 과장, 신새롬 사원이라고 자네에게 도움이 될 것 같아서 보냈는데, 만났나?"

"예. 만났습니다만……."

장수가 머뭇거렸다.

"자네도 신새롬 씨에 대한 안 좋은 소문을 들었나 보군."

"그게 아니라……."

"이보게, 강 과장. 신새롬 씨는 비록 경험은 부족해도 열정만큼은 뛰어나니까 자네가 사람 한번 잘 만들어보게!"

'아니, 신규 사업부는 베테랑이 맡아도 시원찮은 판에 신입 사원을 데리고 어떻게 일을 하란 거야? 일을 하란 거야, 하지 말란 거야?'

장수의 이런 생각을 마치 꿰차고 있다는 듯 최 본부장이 입을 열었다.

"강 과장, 직원들 중에는 자네처럼 경험도 많고 능력이 뛰어나면서도, 동시에 열정을 가진 사람도 있지만 그런 사람은 정말 찾기 힘들다네. 오히려 경험은 많지만 열정 없는 사람이 더 많은 게 현실이지. 그런데 말이야, 신새롬 씨는 비록 경험은 부족해도 열정은 뛰어나니까 다행이지 않은가? 경험도 부족하면서 열정도 없는 사람에 비하면 더 말할 것도 없고……."

'경험은 부족해도 열정은 뛰어나다?'

장수가 머뭇거리는 사이에 최 본부장이 계속해서 말했다.

"강 과장, 모든 사람이 능력도 있고 열정까지 있으면 얼마나 좋겠나? 그러나 현실은 그렇지 않잖은가? 이 모든 사람들을 두루 아우르면서 성과를 잘 내야 하는 것이 리더의 숙명이 아니겠나? 그거 하라고 승진도 시켜주고 월급도 많이 주는 거 아닌가? 허허 허……."

장수는 버럭 짜증이 났다.

'이거 뭐야? 나보고 알아서 인원을 뽑으라고 해놓고선 자기 마음대로 사람을 보내? 이 사람, 겉 다르고 속 다른 거 아냐? 아무것도 모르는 신입 사원을 데리고 도대체 뭘 하라는 말이야? 뭐가 어째? 비록 경험은 부족해도 열정은 뛰어나다고? 사람을 만들어 보라고? 그게 리더의 숙명이라고?'

육성이란 관심을 가지는 것이다

장수는 문득 신입 사원 시절이 생각났다. 그때 과장은 왜 그리 무섭게 느껴졌는지…… 나이는 열 살 정도밖에 차이 나지 않았지만 꼭 아버지 같았다. 그때 과장이 했던 말이 떠올랐다.

"강장수 씨, 회사생활은 처음이지? 나는 자네를 볼 때마다 여간 긴장되지 않는다네. '강장수'라는 백지에 '직장'이라는 그림을 내가 처음 그리는 거 아닌가? 내가 어떻게 스케치하느냐에 따라 강장수 씨 직장생활의 미래가 달라질 수도 있으니 말이야. 그래서 나는 아주 조심스러워. 우리 함께 노력해보세!"

그때 과장은 백지에 스케치하는 사람처럼 장수를 조심스럽게 대했다. 진정 어린 관심을 가지고 장수를 살폈다. 장수가 무엇을 좋아하는지, 무엇을 잘하는지 파악하려고 노력했다. 장수가 누군가의 도움이 필요하다고 느낄 땐 언제 나타났는지도 모르게 다가 와서 도와주었다. 장수는 이런 과장이 내심 고마웠다. 장수는 오늘의 자신이 있기까지 신입 사원 시절의 과장님 도움이 컸다는 생각이 들었다.

'아, 이게 바로 리더의 역할이구나! 그때 과장님은 나를 진심으로 도와주려 했지!'

최 본부장이 계속해서 말했다.
"강 과장, 리더는 부하 직원 육성에 온 힘을 기울여야 한다네. 근데 많은 사람들이 변명을 하지. 자신도 바빠 죽겠는데, 한가하게 부하 직원 육성할 시간이 어디 있냐고 말이야. 그러나 이건 멍청한 생각이지. 그야말로 빈곤의 악순환을 야기하는 거란 말이야. 부하 직원을 육성하지 못하면 자신이 항상 바쁠 수밖에 없다는 건 너무나 자명한 일 아니겠나? 어떻게 하든 부하 직원을 육성해야만 그 직원이 고급 업무를 처리하게 되고, 더 좋은 성과를 낼 수 있지 않겠나? 그렇게 되면 리더는 여유가 생기고 더 넓게 바라봄으로써 더 창조적인 일을 할 수 있게 되는 거지. 리더는 바쁘면 바쁠수록 부하 직원을 육성하는 데 더 많은 시간을 할애해야 한다네. 자네가 더 큰 리더로 성장하고 싶다면, 반드시 하루 50퍼센트 이상의 시간을 부하 직원 육성에 사용하게!"

장수의 귀엔 최 본부장의 말이 황당하게 들렸다.
'아니, 각자 알아서 자기 일을 하는 거지. 과장이 시시콜콜 간섭하라는 거야? 아니면 과장이 일을 대신해주라는 거야?'

그러나 본부장은 장수에게 자신의 모든 것을 전수하고 싶은 듯했다.

"강 과장, 직원들을 육성한다는 게 뭐 그리 어려운 일은 아니라네. 관심만 가지고 있다면 말일세!"

장수가 대답했다.

"예? 관심만 있으면 어려운 일이 아니라고요?"

"그래, 육성이란 직원에 대한 관심으로부터 출발하는 거지. 그 직원이 직장생활을 통해 무엇을 이루고 싶은지 파악해서 경력 관리를 도와주는 것도 물론 중요하지. 하지만 그보다 더 큰 건 말이야, 일상생활에서의 조그만 관심일세. 오늘 그 직원의 기분이 어떤지, 건강은 어떤지, 가정은 편안한지를 먼저 살피는 거야. 몸과 마음이 불편한 상태에서는 일을 잘할 수 없지 않겠는가? 그래서 리더는 먼저 부하 직원을 잘 살펴 편안하게 일할 수 있는 분위기를 만들어주어야 한다네. 매일 부하 직원들의 몸과 마음 상태를 살피는 것이 리더가 해야 할 첫 번째 일이라네."

장수는 직속상관이 자신의 상태를 잘 살피고 기분 좋게 일할 수 있는 여건을 만들어준다면 자신도 즐겁게 일하면서 좋은 성과를 낼 수 있겠다는 생각이 들었다.

'부하 직원들의 기분을 먼저 살피는 것이 리더의 첫 번째 역할이다.'

본부장의 말이 이어졌다.

"매일 출근해서 부하 직원들의 기분을 살핀 다음에는, 어떤 사람이 어떤 어려움을 겪고 있는지를 파악해야 하네. 그런 뒤엔 어떤 방법으로 도울 것인가를 고민해야 하고. 직접 나서서 해결해줄 건지, 아니면 그 어려움의 시간을 통해 직원 스스로 성장하도록 기다려줄 건지, 아니면 다른 사람과 공동으로 일을 처리할 수 있도록 팀을 만들어줄 건지 등 해결 방법을 다양하게 생각해야 한다네. 이런 고민을 하는 게 바로 부하 직원을 육성하는 거지."

장수는 최 본부장의 말을 들으면서, 부하 직원을 육성한다는 게 별거 아니라는 생각이 들었다.

'뭐야? 부하 직원들의 기분을 살피고, 그들의 고민이 무엇인지, 어떻게 도와줄 것인지를 생각하는 게 부하를 육성하는 거라고? 그건 내가 늘 하고 있는 거잖아?'

최 본부장이 살짝 미소 지으며 말했다.

"강 과장, 나는 예전에 이런 말을 들었을 때 콧방귀를 뀌었다네. 뭐 이런 시시한 걸 가지고 그렇게 거창하게 말하나 싶어 말일세. 그러나 지금은 뼈저리게 느끼고 있다네. 내가 그때부터 이걸 잘 실천했더라면 얼마나 행복하게 직장생활을 할 수 있었을까 하고 말이야."

장수는 뜨끔했다. 최 본부장은 마치 독심술을 하는 사람 같았다. 마치 장수의 생각을 다 알고 있는 것 같았다. 최 본부장이 아쉬워하며 말했다.

"나는 지금에 와서야 이걸 깨달았다네. 그래서 지금은 매일 실천하려고 노력하고 있지. 나는 출근하면 먼저 직원들의 기분부터 살핀다네. 어떤 직원들이 어떤 어려움에 처해 있는지를 확인하지. 그리고 내가 무엇을 도와줄 수 있는지를 생각하네. 이게 바로 내가 매일 실천하는 부하 육성 방법일세."

장수는 부하 육성이라고 하면 뭔가를 가르쳐주는 거라고 생각했는데, 이런 거라면 쉽게 실천할 수 있을 것 같았다. 장수는 최 본부장의 말을 머릿속에서 정리해보았다.

'출근하면 제일 먼저 부하 직원들의 기분을 살피고, 부하 직원들의 어려움을 파악하고, 무엇을 도와줄 것인지를 고민한다. 부하 직원들에게 진정한 관심을 가진다. 이게 바로 부하를 육성하는 방법이다!'

최 본부장은 옛날을 회상하며 말했다.

"나도 처음엔 그러질 못했지. 아침에 출근하면 그날그날 주어진 급한 일들을 처리하느라 정신이 없었지. 그렇게 몇 년 지나다 보니 차츰 부하 직원들과 거리감이 생기고 멀어졌지. 그러다 정신을 차려보니 나 홀로 일하고 있다는 걸 알게 되었어. 매일 부하 직원들을 챙기는 것과 챙기지 않는 건, 처음엔 표시가 잘 나지 않는데 이게 몇 년 동안 쌓이면 엄청난 차이가 생긴다는 걸 이젠 알고 있다네. 부하 직원들은 모두 나의 재산 아니겠나? 자신의 재산을 내팽개치고 혼자 고군분투하는 사람과, 자기 재산을 매일 소중하게 갈고닦으며 관리하는 사람의 차이는 실로 엄청난 거라네."

장수가 중얼거렸다.

'부하 직원들은 모두 나의 재산이다……'

최 본부장은 예전에 부하 직원 육성을 아주 잘한다고 소문 났던 선배 K부장의 이야기를 들려주었다.

부하 직원은
리더의 고객이다

K부장은 '부하 직원들에게 관심을 보이는 상사는 성공할 수밖에 없다'는 자신만의 지론이 있었다. K부장의 주장은 이랬다.

'부하 직원들은 모두 자신이 중요한 사람으로 인정받고 싶어 한다. 상사가 개인적으로 관심을 가지고 자신을 가치 있는 존재라고 믿어주기만 해도 저절로 일하고 싶은 의욕이 생긴다. 그래서 상사는 부하 직원들을 정기적으로 면담해야 한다. 면담은 마치 부하 직원들의 건강을 체크하는 것과 같다.'

K부장은 먼저 자신의 시간을 점검했다. 자신이 재량껏 쓸 수 있는 시간이 하루 일과의 40퍼센트 정도였다. K부장은 그 세 시간의 절반을 부하 직원들 면담에 쓰기로 하고 매일 하루 한 시간 반씩 부하 직원들을 면담했다. 그리고 면담 내용을 기록해두었는데, 거창한 것이 아니라 사소한 것들이었다.

'아이들 이름이 무엇인지, 집에 아픈 사람은 없는지, 요즘 고민은 무엇인지, 요즘 어떤 책을 읽고 있는지, 요즘 재미있는 일은 무엇인지…….'

그리고 K부장은 다음에 면담할 기회가 있을 땐, 먼저 면담 기록부를 살펴본 뒤에 부하 직원들에게 안부를 물어보곤 했다.

한번은 이런 일이 있었다.

3년 전에 같은 부서에서 근무하던 L직원과 통화할 일이 생긴 K부장은 통화하기 전에 먼저 L의 면담 기록부를 살펴보았다. 그의 부인이 3년 전에 편도선암 수술을 받았다고 기록되어 있었다.

"L씨, 요즘 어떻게 지내? 부인이 편도선암 수술한 건 완치되었나?"

L은 깜짝 놀라며 말했다.

"아니, 부장님이 어떻게 그걸 기억하고 계십니까? 아, 예! 덕분에 잘 지내고 있습니다. 감사합니다, 부장님!"

그날 저녁, L은 동료들과 식사를 하면서 자랑했다.

"야, K부장님 말이야! 그분, 직원들에 대한 관심이 정말 대단한 것 같아. 내 아내가 3년 전에 편도선암 수술을 받았는데, 그걸 아직까지 기억하고 내게 안부를 묻더군! K부장님은 정말 대단하신 분이야!"

그날 저녁 식사를 함께하던 동료들은 K부장과 같이 근무해본 적이 없었지만, 그 후 K부장 이야기가 나올 때면 한목소리로 칭찬했다.

K부장은 부하 직원들에게 호기심을 가지고 정기적으로 면담하

는 건 마치 정기적금을 넣는 것과 같다고 했다. 직원들에게 관심을 가지고 지속적으로 살피면 정기적금이 만기가 되었을 때처럼, 직원들은 나중에 '성과'라는 '목돈'으로 돌려주었다고 했다.

최 본부장이 물었다.

"강 과장, 직원들을 정기적으로 면담하는 게 마치 적금 붓는 것과 같다는 말을 어떻게 생각하나?"

강 과장이 엉겁결에 대답했다.

"아, 예! 직원들을 면담하는 게 적금 붓는 것과 같다는 말이 재미있습니다."

강 과장이 재미있다고 맞장구를 치자 최 본부장은 신이 나서 말했다.

"K부장은 또 독특한 주장을 했다네."

장수는 마치 어린애처럼 신나서 말하는 최 본부장의 얼굴을 물끄러미 바라봤다.

K부장의 주장은 이랬다.

'부하 직원들은 모두 리더의 고객이다. 그러므로 리더는 직원들에 대한 서비스 정신이 투철해야 한다. 서비스라고 해서 거창한 게 아니다. 리더의 얼굴 표정이 바로 직원에 대한 서비스라고 생각하면 된다. 리더의 표정은 사무실 분위기를 좌우한다. 항상 얼굴을 찡그리며 심각한 표정을 짓고 있는 상사와, 반대로 항상 얼굴에 미소를 머금고 밝은 표정을 짓고 있는 상사 중에서 어떤 상사의 부하 직원들이 즐겁게 일할 수 있겠는가? 많은 상사들이 간과하고 있지만, 리더의 얼굴은 부하 직원들에 대한 서비스다!'

장수는 최 본부장의 말이 낯설긴 했지만 일리 있다는 생각이 들었다.

'상사의 얼굴 표정은 부하 직원에 대한 서비스다!'

장수는 최 본부장이 자신에게 MD를 맡긴 뒤에, 자신이 훌륭한 리더로 성장할 수 있도록 자신에게 진정한 관심을 가지고 있다는 생각이 들었다. 장수는 본부장의 방을 나서며 마음속으로 중얼거렸다.

'본부장님, 감사합니다. 본부장님의 기대에 어긋나지 않도록 열심히 하겠습니다. 리더는 그냥 태어나는 게 아니라, 각고의 노력 끝에 만들어진다는 걸 잘 알겠습니다. 감사합니다!'

장점을 먼저 보라

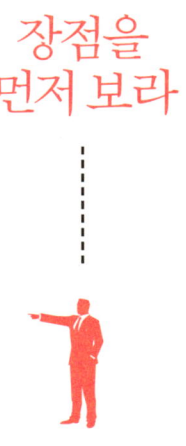

 모처럼 일찍 퇴근해 책상에 앉은 장수는 명상을 하면서 하루를 돌이켜보았다. 그런 다음 낮에 사온 책을 한 권 펼쳤다. 브랜드에 대한 정의가 낯설었다. 예전부터 알고 있다고 생각했지만 제대로 알고 있진 못하다는 느낌이 들었다. 또 다른 책을 집어 들었다. 브랜드 비즈니스의 전체 프로세스가 일목요연하게 정리되어 있었다. 대학에서 공부했던 내용들인데도 마치 처음 보는 것처럼 새롭게 다가왔다. 《패션 마케팅》을 보니 모르는 내용들이 더 많았다. 책을 뒤적이고 있는데 아내가 차를 가지고 왔다.
 "장수 씨, 승진하더니 성적 좋네…… 일찍 들어와서 공부도 다 하고. 차 마셔가면서 천천히 해."
 "응, 고마워. 근데 MD를 맡고 나니까 모르는 게 너무 많네."
 장수는 아내의 말을 듣는 둥 마는 둥 했다. 그런 장수를 보고 무언가 생각난 듯 아내가 말했다.

"여보, 너무 조급해하지 마. 당신은 뭐든 주어진 일은 끝까지 해내는 근성이 있잖아! 그러니까 이번 일도 잘해낼 거야."

"응? 내가 끝까지 해내는 근성이 있다고? 그런가?"

"그래, 당신 자신을 믿어. 당신은 성실하면서도 책임감 있는 사람이잖아!"

장수는 아내의 말을 들으면서 자신에 대해 정반대로 말했던, 지난해 프로젝트를 함께했던 C팀장이 생각났다. C팀장은 매사에 부정적이었다. 항상 사람들의 약점을 들춰내며 핀잔을 주곤 했다.

"장수 씨, 당신은 모든 걸 한 방에 다 잘하려고 하는 병이 있는 거 알지? 그거 명심해야 돼! 안 그러면 당신도 힘들고 다른 사람들도 힘들 거야."

"예? 뭐라고요? 제가 모든 걸 한 방에 해결하려는 병이 있다고요?"

장수는 목청을 높였다.

"아니, 열심히 일하는 것도 병입니까?"

"아니, 일을 잘하는 건 좋은 거지. 근데 자넨 몸과 마음이 너무 빠르잖아. 다른 사람들이 따라오기 힘들다고……."

장수는 짜증이 났다.

"그럼 빨리하는 게 잘못이라는 겁니까?"

"아니, 빨리하는 건 분명 장점이 될 수 있지. 하지만 자네는 다른 사람들은 전혀 살피지 않고, 당신 혼자만 빨리하려고 다른 사람들을 힘들게 한단 말일세. 그렇게 되면 아무리 빨리한들 그게 무슨 장점이 될 수 있겠나."

C팀장은 장수를 비난했지만, 장수의 똑같은 면에 대해 아내는 장점으로 치켜세우며 잘될 거라고 격려해주었다. 장수는 어머니의 말씀이 떠올랐다. 어머니는 어릴 적부터 귀에 못이 박이도록 말했다.

"장수야, 너는 머리도 좋고 말도 참 잘한다. 그리고 책임감도 강하고 성실해서 무슨 일을 맡아 하든 잘할 게다. 너의 장점을 잊지 마라."

그리고 장수의 형에겐 이렇게 말하곤 했다.

"동수야, 너는 항상 침착하고 조용하면서 사려가 깊다. 너는 항상 다른 사람을 배려하기 때문에 다른 사람들과 좋은 관계를 맺으면서 잘 살 거다. 너의 장점을 잊지 마라."

그리고 누나에겐 이렇게 말했다.

"은숙아, 너는 성격이 쾌활하고 활동적이라 어디서 무엇을 해도 사람들에게 인기가 많을 게다. 즐겁고 유쾌하고 사람들을 잘 사귀는 것이 너의 장점이다. 너의 장점을 항상 기억해라."

장수는 이런 어머니가 이상했다. 사람마다 늘 장점만 보고 약점에 대해서는 아무 말도 하지 않았다. 장수가 물었다.

"엄마는 왜 항상 우리들의 좋은 점만 보는 거야? 나는 너무 빨라서 탈이고, 형은 너무 느려서 탈이고, 누나는 너무 나대서 탈이잖아?"

어머니가 웃으면서 말했다.

"우리 장수는 똑똑하기도 하지. 이런 것까지 벌써 알고 있단 말이야?"

장수는 머리를 긁적이며 말했다.

"아니, 엄마는 괜히 치켜세우고 난리야. 부끄럽게……."

그러자 어머니가 정색하면서 말했다.

"장수야, 그게 아니란다. 사람들은 누구나 장점과 약점이 있단다. 장점만 있는 사람도 없고, 약점만 있는 사람도 없지. 누구나 장점과 약점이 동시에 있기 마련이란다. 아무리 훌륭한 사람이라도 마찬가지지.

그런데 성공한 사람들은 모두 자신의 장점을 잘 알고, 그걸 잘 키운 덕분에 성공한 거란다. 자기 장점을 알고 그걸 잘 키우는 게 좋겠니? 아니면 자기 약점을 고치느라 인생을 허비하는 게 좋겠니? 어느 쪽에 관심을 가지는 게 좋겠니? 인생은 거기에서 갈라지는 거란다. 너도 너의 장점을 잘 알고 그걸 잘 키워서 나중에 훌륭한 사람이 되어야 한다. 그래서 엄마가 너희들의 장점을 말해주는 거란다."

장수는 어머니의 말을 듣고 자란 덕분에 자신의 장점이 무엇인지 확실히 알 수 있었고, 그 장점들을 잘 개발할 수 있었다.

어머니는 거기서 그치지 않았다.

"장수야, 사회생활을 잘하려면 자기 장점을 아는 것도 중요하지만 다른 사람의 장점도 잘 알아야 한단다. 사람들을 볼 때 단점부터 보지 말고, 그 사람의 장점을 먼저 보도록 해라. 그러면 그 사람과의 관계도 좋아질 거고, 함께 일도 잘해나갈 게다."

장수 어머니는 어릴 때부터 누누이 강조했다.

'다른 사람을 볼 때 단점부터 보지 말고 장점을 먼저 보라. 이 세상엔 단점만 있는 사람도 없고, 장점만 있는 사람도 없다.'

장수는 어머니 덕분에 사람들을 만나면 그 사람의 장점을 먼저 알아차리는 능력이 생겼다. 정확히 말하면 그 사람의 장점이 무엇인지 먼저 파악하려고 노력하는 버릇이 생겼다.

약점과 장점은
동전의 양면이다

장수 어머니는 이런 당부도 잊지 않았다.

"장수야, 칼잡이는 칼에 찔려 죽고, 헤엄 잘 치는 사람은 물에 빠져 죽고, 원숭이는 나무에서 떨어져 죽는다. 자기 장점만 너무 믿고 지나치게 행동하면 그것 때문에 망할 수도 있다. 너의 장점이 너무 지나치면 그것 때문에 다른 사람들이 힘들 수도 있다는 걸 꼭 명심해라. 장점도 너무 지나치면 단점이 된단다."

장수는 C팀장이 자신에게 말한 것이 바로 이런 게 아닐까 하는 생각이 들었다.

'내가 장점을 너무 지나치게 발휘해서 다른 사람들을 불편하게 했나?'

사실, 장수도 잘 알고 있었다. 선배들을 보면 자신들의 장점 덕분에 높은 지위에 올랐다. 그리고 끝까지 자신들의 장점을 잘 발휘했다. 그런데 어떤 선배들은 자신의 장점을 지나치게 많이 발휘했다. 그러면 주위 사람들이 힘들어했다. 아이러니하게도 그 선배의 장점 때문에 그 선배를 싫어하게 된 것이다. 장수는 이런 선배들을 보면서 모든 일에는 양면성이 있다는 것을 알게 되었다.

장수는 예전에 들었던 강의 내용이 생각났다.

'사람들은 누구나 장점과 약점을 동시에 가지고 있습니다. 그러므로 자신의 약점을 보완하려 하기보다 강점을 더 강화하려고 노력하세요. 자신의 강점이 모여서 비로소 성공이 됩니다. 그럼 약점은 그냥 내버려두라는 말일까요? 그건 아닙니다. 약점을 개선하려고 노력하기보다 약점의 본질에 대해 정확히 이해하는 게 더 중요합니다.

사실 약점은 장점의 반대말이 아닙니다. 그 사람의 장점이 지나치게 발휘되면 그게 바로 그 사람의 약점이 됩니다. 일을 신속하게 처리하는 사람은 속도가 빠른 게 장점입니다. 그러나 그 속도가 너무 빠르면 숨 가쁘게 됩니다. 다른 사람들을 힘들게 하지요. 속도가 빠른 건 분명 장점이지만, 너무 지나칠 경우 오히려 약점이 되는 거지요. 손등과 손바닥이 붙어 있는 것처럼, 그 사람의 약점은 바로 그 사람의 장점과 맞붙어 있습니다. 동전의 양면과 같은 거지요.

또 상대방을 잘 배려하고 편안한 사람은 상대방을 배려하는 것이 장점입니다. 하지만 그것도 지나치면 답답하고 소신 없는 사람으로 보일 수 있습니다. 자신의 장점이 곧 약점이 되는 거지요. 이렇게 장점과 약점은 떼려야 뗄 수 없는 불가분의 관계에 있습니다. 이런 관계를 잘 이해하는 것이 중요합니다.

무턱대고 약점을 개선하려고 애쓰지 마십시오. 힘만 들고 별 효과도 없습니다. 단지, 장점과 약점의 관계를 정확히 이해하고, 자신의 장점이 무엇인지 파악하고 있는 것이 더 중요합니다.

소신 있는 사람도 지나치면 독불장군이 됩니다. 유연한 사람도 지나치면 소신 없는 사람이 됩니다. 일을 잘 챙기는 사람이 지나치면 인간미 없는 사람이 됩니다. 사람을 잘 챙기는 사람이 지나치면 일을 못한다는 소리를 들을 수 있습니다.

그 사람의 약점은 하늘에서 떨어지거나 땅속에서 솟아나는 게 아닙니다. 바로 그 사람의 장점에서 비롯되는 것입니다. 그러니까 자신의 약점을 개선하려고 애쓸 게 아니라, 먼저 장점을 더욱 더 개발하려고 노력하세요. 그러나 동시에 장점이 지나치면 오히려 독이 된다는 사실을 잊지 마세요.

의사가 약을 처방할 땐 반드시 부작용을 함께 생각하면서 처방합니다. 장점은 그런 부작용을 일으킬 수 있다는 걸 잊지 마세요. 장점은 균형 있게 발휘될 때 비로소 장점이 됩니다. 약점을 보완하고 싶으면 자신의 장점이 지나치게 발휘되지 않도록 노력하세요. 그게 약점을 가장 쉽게 보완하는 지름길입니다.'

장수는 어머니와 아내의 말을 들으면 기분이 좋았다. 그런데 C팀장의 말을 들으면 짜증이 났다. 장수는 생각했다.

'나도 다른 사람들의 장점부터 보는 게 아니라 단점을 먼저 보는 건 아닐까? 내 장점을 지나치게 발휘하느라 다른 사람을 힘들게 하고 있는 건 아닐까?'

장수는 문득 궁금했다.

'나는 주변 사람들의 장점을 얼마나 알고 있을까?'

장수는 노트를 꺼냈다. 먼저 아내의 장점부터 써보기로 했다. 그런데 처음부터 막막했다.

'분명 아내의 장점이 많을 텐데, 왜 이렇게 생각나질 않지?'

장수는 한참을 고민한 끝에 아내의 장점을 하나하나 써내려가기 시작했다.

'주변 사람들에게 헌신적이다. 모든 사람들에게 상냥하다. 철저하게 근검절약하고 자신에게는 엄격하다. 남을 배려한다. 집안 정리 정돈을 잘한다. 사회 규범을 준수하고 원리 원칙적이며 도덕적이다. 신앙심이 깊다. 어려운 사람들을 돕는다. 자신에게 주어진 일에 성실하다. 마음씨가 따뜻하다. 마음이 부드럽다. 겸손하다……'

아내의 장점을 써내려가면서 장수는 눈시울이 붉어졌다.

'이렇게 장점이 많은 아내를 그동안 내가 제대로 몰라보고 있었다니……'

장수는 내친김에 가족을 비롯해 친지들과 친구, 동료들에 대한 장점도 적어보았다. 각자 50개 이상 채우기로 마음먹고 밤을 꼬박 새웠다. 장수는 자신이 생각하고 있던 주변 사람들의 모습이 그야말로 일부분에 불과하다는 걸 알게 되었다. 주변 사람들의 장점을 50개씩 적고 나니 그들에게 감사한 마음이 들었고, 그들이 대단한 사람으로 느껴졌다. 앞으로 주변 사람들과의 관계가 더 좋아질 것 같았다. 그들은 아무것도 변한 게 없고, 내 생각만 변했을 뿐인데 그들이 그토록 달라 보일 수 있다는 사실이 신기하기만 했다.

장수는 깨달았다.

'그들의 실제 모습이 어떤지는 아무 상관이 없다. 그들은 단지 내 생각 속의 그들일 뿐이다. 실제로 그들이 변한 게 아니라, 그들에 대한 내 생각이 변한 것뿐이다. 내가 상대방을 그렇다고 생각하면 상대방은 이미 그렇게 변해 있는 것이다.'

장수는 친구들에게 말해주고 싶었다.

'주변 사람들과 좋은 관계를 맺고, 좋은 성과를 내며 함께 행복하게 지내고 싶은가? 그들을 변화시키고 싶은가? 그러면 주변 사람들 각자에 대해 그들의 장점을 50개 이상 적어보라. 당신 생각 속의 그들이 달라질 것이다. 당신이 보고 있는 세상도 달라질 것이다.'

한 발짝 떨어져서
바라보라

장수가 조르지오를 처음 만난 지 일주일이 지났다. 조르지오는 오늘도 홍대 앞 스타벅스에서 만나자고 했다.

"안녕하세요? 조르지오 씨."

"예. 안녕하세요? 강장수 씨."

가볍게 인사를 나누고 나서 조르지오가 물었다.

"어떤 도움을 받고 싶은지 생각해보셨나요?"

"예. 근데 그보다 먼저 제가 궁금한 것이 있습니다……."

"그게 뭔가요?"

"예. 조르지오 씨는 브랜드 디렉터라고 들었는데, 브랜드 디렉터가 뭔지 궁금해서요."

"아, 그거 좋은 질문이군요. 한국에는 브랜드 디렉터라는 역할이 없더군요. 유럽에선 일반적인 역할이지만……."

"예? 유럽에선 일반적이라고요?"

"예, 그렇습니다. 브랜드 디렉터는 한마디로 말해서 오케스트라의 지휘자 같은 사람입니다. 지휘자는 직접 연주하진 않지만 각 악기 연주자들이 조화로운 소리를 낼 수 있도록 총괄하는 사람이지요. 브랜드 디렉터도 마찬가집니다. 브랜드 디렉터는 특정한 역할을 하지 않고 브랜드 전체에 관여합니다. 디자인, 생산, 마케팅, 영업 등 각 프로세스마다 각자가 맡은 역할을 잘 수행하게 함으로써 브랜드 가치를 높이고, 매출을 일으키고, 이익을 내는 모든 과정을 총괄하는 거지요."

"아, 이를테면 스포츠 팀의 감독 같은 역할이군요?"

"그렇습니다."

"그거라면 우리나라에도 있습니다. 사업부장이 그 역할을 하고 있습니다."

"바로 그게 차이점입니다. 유럽에도 사업부장은 있습니다. 그들은 사업 전체에 대해 책임을 지지요. 그러나 브랜드 디렉터는 사업 전체를 책임지진 않습니다. 브랜드 이미지와 마케팅 등 모든 프로세스에 관여하지만 실무를 담당하진 않습니다. 한 발짝 떨어져서 브랜드를 관리합니다. 단기 실적에 쫓기지 않으면서 브랜드의 높은 가치를 만들어내고, 브랜드가 지속적으로 성장하도록 해주는 역할을 합니다."

"예? 전체를 총괄하지만 한 발짝 떨어져서 브랜드를 관리한다고요?"

"예. 그게 바로 사업부장과 브랜드 디렉터의 차이입니다."

"그럼 브랜드 디렉터는 어떤 책임을 지나요?"

"그게 바로 핵심인데, 브랜드 디렉터는 전문가로서 자신의 의견을 명확히 제시합니다. 그러나 실행 여부를 결정하는 것은 사업부장의 몫입니다."

"그러면 브랜드 디렉터는 아무런 책임도 지지 않는다는 말인가요?"

"브랜드 디렉터가 그렇게 무책임하다면 아무도 쓰지 않겠지요. 브랜드 디렉터는 브랜드가 나아갈 방향을 명확히 제시하고, 그 방향으로 나갈 수 있게 끊임없이 조언해주고 경고를 하기도 합니다. 단기 실적에 매몰되어 브랜드를 망치는 일이 없도록 하는 거지요. 브랜드 디렉터는 일종의 방향타이자 제어장치 역할을 한다고 생각하면 됩니다."

'방향타이자 제어장치라……'

장수는 최 본부장이 자신에게 말했던, 무작정 일에 덤벙 뛰어들지 말고 먼저 일정한 거리를 두고 일을 살피라는 말을 떠올렸다. 이런 역할을 제도적으로 만들어놓은 게 브랜드 디렉터가 아닐까 하는 생각이 들었다.

'그렇다면 나에겐 구세주 같은 사람인데……'

장수가 중얼거리며 말했다.

"조르지오 씨, 그럼 브랜드 디렉터의 도움은 어떻게 받을 수 있습니까?"

"예. 정식으로 계약을 체결하면 됩니다. 브랜드를 론칭할 때까지 프리랜서 계약을 하고, 론칭 후에는 다시 협의하면 됩니다."

"브랜드 디렉터는 브랜드 론칭을 책임지고 도와주는 전문가군요. 비용은 어떻게 되나요?"

조르지오는 비용에 대한 이야기가 나오자 잠시 뜸을 들였다.

"강 과장님이 최종 의사 결정권을 가지고 있나요?"

"예? 아니, 제가 사업부장은 아니지만 모든 일을 책임지고 있습니다만……."

"그렇다면 그 일은 사업부장과 먼저 상의하는 게 순서일 것 같군요."

"예. 상의는 하겠지만 그래도 비용을 알아야……."

조르지오는 잠시 뜸을 들이더니 말했다.

"예. 6개월 기준으로 2억입니다."

"예? 6개월에 2억이라고요?"

장수는 하마터면 비명을 지를 뻔했다. 장수는 숨을 크게 들이마시고 말했다.

"알겠습니다. 사업부장님과 상의해보겠습니다."

"그러시지요. 그런데 제가 왜 스타벅스에서 만나자고 했는지 이유를 생각해보셨나요?"

조르지오가 마치 숙제를 검사하는 선생님처럼 말했다. 장수는 머리를 긁적였다.

"그게…… 잘 모르겠습니다만……."

"그렇군요. 깊이 생각해보지 않으셨군요. 잘 생각해보면 알게 될 겁니다. 스타벅스를 보면 브랜드의 성공이 그대로 나타나 있습니다. 그러니까 앞으로 문제가 잘 풀리지 않을 땐 스타벅스를 연구해보세요."

"아, 예, 스타벅스 연구요…… 예. 감사합니다."

장수는 조르지오와 헤어져 사무실로 돌아왔다. 그리고 내내 뭔가에 홀린 듯한 기분이었다.

독화살을 먼저 뽑아라

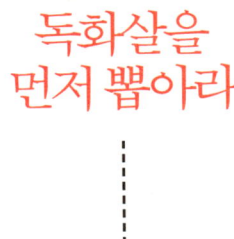

　장수는 브랜드 디렉터가 필요하다고 생각했지만 비용이 마음에 걸렸다. 비용만 아니라면 조르지오를 꼭 고용하고 싶었다. 왠지 조르지오가 자신을 살려줄지도 모른다는 느낌이 들었다. 이런저런 생각에 잠겨 있는데 휴대폰이 요란하게 울렸다.

　"강 과장, 오늘 저녁에 뭐해?"

　김정열 대리였다.

　"응, 뭐 별일 없어."

　"그래, 오늘 하태만이랑 술 한잔하기로 했는데 같이할래?"

　소주잔이 몇 순배 돈 뒤에 장수는 조르지오 이야기를 털어놓았다.

　"그 자식 사기꾼 아냐?"

　하태만이 소리 질렀다.

"6개월에 2억이나 받으면서 책임은 하나도 안 진다고? 야, 신경 꺼! 분명히 사기꾼이야!"

하태만은 분이 풀리지 않는지 계속해서 조르지오에게 욕을 퍼부었다. 한참 동안 묵묵히 듣고만 있던 김정열이 말했다.

"그런데 조르지오의 말에도 일리가 있는 것 같다. 단기 실적에 쫓겨서 브랜드 망가뜨리는 거 우리도 많이 봤잖아!"

"짜식~ 저런 애가 꼭 사기를 당하지……."

하태만이 술에 취해 막말을 뱉어냈다.

"자~ 그만하자. 내가 신중히 잘 생각해볼게."

장수가 깊은 한숨을 내쉬었다.

"야, 강 과장! 땅 꺼지겠다. 너 무슨 일 있지? 고민이 뭔데? 동기 좋다는 게 뭐야! 속 시원히 말해봐!"

하태만이 윽박지르듯 말했다. 이번에는 김정열도 가세했다.

"그래, 강 과장, 혼자 고민하지 말고 말해봐. 혹시 우리가 도움이 될지도 모르잖아?"

장수가 잠시 망설이다가 말을 꺼냈다.

"아직 팀 인원 구성을 못했는데 걱정이야. 어제 본부장님이 한 명 보내주긴 했는데…… 이건 뭐 천방지축 신입 사원이라 오히려 방해만 될 것 같고…… 큰일이다."

"야! 혹시 너? 지금 우리보고 네 밑에 와서 일하라는 건 아니겠지?"

하태만이 핏대를 올렸다.

장수가 깜짝 놀라며 말했다.

"아니, 내가 아무렴 너희들더러 내 밑에서 일하라고 하겠냐? 나도 양심이 있지……."

잠자코 있던 김정열이 말했다.

"아냐, 꼭 그렇게 부정적으로 볼 필요는 없어. 동기 사이에 상사와 부하 관계가 되는 건 물론 유쾌한 일이 아니지만, 그래도 서로 형제처럼 위해주는 사이니까 오히려 함께하는 게 더 큰 시너지를 낼지도 몰라!"

하태만이 발끈했다.

"시너지 같은 소리 하고 있네! 야, 인마! 내가 강장수 밑에서 일하려고 이 회사 들어온 줄 알아? 조금만 있으면 내가 더 빨리 승진할 건데…… 날 뭘로 보고 그러는 거야?"

"그래, 태만아, 네가 어떻게 내 밑에서 일할 수 있겠냐? 나는 절대 그런 뜻으로 말한 거 아니니까 오해하지 마라."

장수가 서둘러 무마했다. 그러나 김정열도 가만있지 않았다.

"아니야, 우린 맡고 있는 분야가 서로 다르잖아. 이건 누가 더 높고 낮고의 문제가 아니야. 오히려 동기끼리 힘을 합쳐서 더 좋은 결과를 낸다면 우리에게 더 좋은 기회가 될 수도 있어. 태만이 너는 생산과장으로 승진하고, 나는 영업과장으로 승진하고, 장수는 MD과장 하면 되잖아. 다만 장수는 전체 프로세스를 책임지는 거고…… 나는 충분히 좋은 팀이 될 수 있다고 생각해."

그러나 하태만은 그리 호락호락하지 않았다.

"야, 그거 말고도 이 프로젝트는 문제가 한둘이 아니야. 우리 회사는 여성복 전문 회사라서 캐주얼에 대한 경험도 없고, 결정적으로 사업 예산이 5억밖에 되질 않잖아? 이건 처음부터 말이 안 되는 게임이야."

하태만의 말은 모두 사실이었다. 그런데 장수는 왠지 태만에게 섭섭한 생각이 들었다. 그때 김정열이 결정적인 한 방을 날렸다.

"야, 하태만! 너는 어째 의리가 병아리 눈물만큼도 없냐? 장수가 혼자서 저렇게 고생하고 있는데, 동기란 놈이 자기 혼자만 살 궁리를 하고 있냐?"

"뭐라고?"

하태만도 지지 않았다.

"야, 이제 그만하자. 이러다 동기끼리 의 상하겠다."

장수가 만류했다.

장수는 동기끼리 식사를 하면서 조르지오 같은 브랜드 디렉터가 꼭 필요하다는 생각이 더욱 강하게 들었다. 그러나 정작 비용을 생각하면 망설여졌다. 하태만은 조르지오를 사기꾼이라고 했지만, 김정열은 조르지오의 말에도 일리가 있다고 했다.

'어쩌지? 조르지오가 꼭 필요한데…… 비용이 문제다.'

장수는 자신에게 짜증이 났다.

'장고 끝에 악수를 둔다고 했는데…… 내가 지금 도대체 왜 이러고 있지?'

장수는 의사 결정을 제때 해주지 않고 뭉기적거리는 상사를 싫어했다. 중요한 의사 결정일수록 더욱 그랬다. 상사가 의사 결정을 할 때까지 거기에 관련된 모든 사람들이 손 놓고 애만 태우고 있어야 한다. 시간도 손해지만 직원들의 사기도 몹시 저하된다.

어떤 경우엔 결정적으로 시기를 놓쳐 낭패를 보기도 한다. 장수는 제때 신속하게 내리는 의사 결정 능력을 리더의 주요 덕목으로 생각하고 있었다.

장수는 예전에 책에서 읽었던 우화가 생각났다.
어떤 사람이 독화살을 맞았다. 친구가 독화살부터 뽑고 치료를 하자고 했으나 독화살을 맞은 사람은 완강하게 버텼다.
'치료를 받기 전에 먼저 누가 활을 쏘았는지 알아야겠다.
무엇 때문에 나에게 화살을 쏘았는지도 알아야겠다.
화살에 묻은 독이 어떤 성분인지도 알아야겠다……'
이렇게 쓸데없는 고집을 부리는 동안 온몸에 독이 퍼져 그 사람은 죽고 말았다.
장수는 갑자기 불안한 느낌이 들었다.
'나도 지금 독화살을 맞은 사람처럼 쓸데없이 시간을 죽이고 있는 건 아닐까? 시간 낭비 하지 말고 조르지오를 고용해야 하는 건 아닐까?'
"야, 강 과장! 뭘 그리 골똘히 생각해? 자, 그만 가자고!"
김정열이 자리를 털고 일어나며 장수를 채근했다.
"그래, 많이 늦었네! 그만 갈까?"
장수는 동기들과 헤어져 집으로 가는 동안에도 조르지오 생각으로 머리가 터질 것 같았다.

부하들이 스스로 잘할 수 있다는 것을 믿어라

장수는 주말을 맞아 모처럼 늦잠을 잤다. 오후가 되어서야 자리를 털고 일어나 기분도 전환할 겸 북한산으로 등산을 갔다. 가볍게 원효봉까지만 가기로 했다. 입구 안내 간판에 있는 문구가 장수의 시선을 사로잡았다.

'여행자들이여! 길은 없다. 걷기가 길을 만든다.'

그 문구가 자신을 격려해주는 듯했다.

'그래, 나도 열심히 걷다 보면 길을 만들 수 있겠지…… 브랜드 론칭이 뭐 별건가?'

조금 올라가다 보니 천 년의 세월을 묵묵히 견뎌낸 북한산성이 위용을 뽐내고 있었다. 장수는 돌계단을 오르고 또 올랐다. 이윽고 원효암이 나타났다. 원효암에서 땀을 닦으며 휴식을 취하는데 어디선가 독경 소리가 나지막이 들렸다.

'이게 무슨 소리지?'

장수는 호기심이 일어 독경 소리를 따라가보았다.

'아니, 저게 누구야?'

장수는 깜짝 놀랐다. 최유연 본부장이었다. 본부장이 암자 안에서 독경을 하고 있었다. 장수는 본부장이 독경을 마치길 기다렸다. 10분쯤 지나자 본부장이 밖으로 나왔다.

"본부장님, 안녕하세요? 강장숩니다."

최 본부장이 깜짝 놀라며 장수를 쳐다봤다.

"아니, 강 과장! 자네가 여긴 웬일인가?"

"아, 예. 바람 좀 쐬려고 왔습니다만, 본부장님은 어쩐 일이십니까?"

최 본부장은 담담한 표정으로 말했다.

"나는 매주 주말이면 원효암을 찾는다네. 나의 안식처라고나 할까? 여기 와서 염불도 하고 독경도 하면서 일주일 동안 묵은 때를 씻어내지."

장수는 최 본부장의 부지런함에 내심 놀랐다.

'아니, 일도 그렇게 열심히 하는 분이 매주 등산까지 하는구나. 정말 배울 점이 많은 분이다.'

최 본부장이 물었다.

"자넨 어디까지 갈 건가?"

"아, 예. 저는 원효봉까지만 가려고 합니다."

"그래? 나도 원효봉까지 갈 건데 함께 갈까?"

최 본부장이 앞장서 걸었다. 곧 가파른 계단이 나타났다. 장수는 쇠로 만든 봉을 잡고 겨우 갓바위로 올라갔다. 장수는 이 구간을 올라갈 때마다 다리가 후들거렸다. 주변이 온통 절벽이었다. 쇠봉을 잡고 걸으면서 무서움을 견뎌야 겨우 원효암에 이를 수 있었다. 이윽고 장수와 최 본부장은 원효봉 정상에 도착했다. 장수는 기분이 몹시 상쾌했다.

한참 동안 경치를 감상하던 최 본부장이 물었다.

"강 과장, 자네 갓바위를 오르면서 무섭지 않았나?"

"예?"

장수는 최 본부장의 갑작스러운 질문에 당황했다. 본부장이 독백하듯 말했다.

"나는 그곳을 지날 때마다 리더의 역할을 되새기곤 한다네."

"무슨 말씀이신지……."

"그곳을 지날 때는 떨리고 무섭지만, 그 무서움을 이겨내고 계속 걸어야만 비로소 정상에 이를 수 있는 게 아니겠나? 마찬가지로 리더도 무서움을 견뎌내야만 비로소 성공할 수 있다는 걸 여기 올 때마다 느끼곤 한다네."

장수가 놀라서 물었다.

"예? 리더는 무서움을 견뎌내야만 비로소 성공할 수 있다고요?"

최 본부장이 땀을 닦으며 말했다.

"그렇다네. 리더는 일단 자신의 부하를 믿어야 한다네. 부하들이 자신의 귀중한 재산이라는 걸 믿어야 하고, 부하들이 스스로 잘할 수 있다는 걸 믿어야 하지."

'부하들이 자신의 귀중한 재산이다? 그들이 스스로 잘할 수 있

다는 걸 믿어야 한다?'

 장수는 최 본부장의 말이 궤변처럼 들렸다. 그러나 본부장은 원효봉 정상에서 장수에게 뭔가 중요한 걸 알려주려는 듯했다.

 "리더로서 성공할지 실패할지의 첫 번째 갈림길이 바로 부하 직원들을 믿는가 믿지 못하는가에 달려 있다네. 리더는 어떤 경우에도 부하 직원이라는 자신의 재산을 잘 활용할 수 있어야 원하는 성과를 낼 수 있는 것 아니겠나? 이때 자신의 부하 직원들이 잘할 수 있다고 믿는 사람과 믿지 못하는 사람 중에서 누가 더 성공할 가능성이 높겠나? 리더가 성공하는 첫 번째 길은 바로 자신의 부하 직원들이 잘할 수 있다고 믿는 거라네."

공포의 시간을 견뎌라

장수는 최 본부장이 원효봉 정상까지 와서 자신에게 이런 이야기를 하는 게 몹시 불편했다. 그러면서도 한편으론 최 본부장이 장수 자신에게 쏟는 열정이 대단하다는 것도 느꼈다. 장수는 최 본부장의 말을 되새겨보았다.

'부하 직원들이 잘할 수 있다고 믿는 것이 리더로서 성공하는 첫 번째 길이다?'

최 본부장이 살짝 미소를 지으며 말했다.

"자네, 내가 산에까지 와서 이런 이야기를 하니까 조금 부담스럽지?"

장수는 마치 속마음을 들킨 사람처럼 얼굴이 붉어져서 말했다.

"아닙니다. 오히려 저는 본부장님이 저를 얼마나 위해주시는지 그 마음을 느끼고 감격하고 있었습니다. 본부장님이 저를 얼마나 아끼시면 이런 자리에서까지 조언을 해주실까 하며 감사하고 있었습니다."

최 본부장이 너털웃음을 지으며 말했다.

"허허허~ 이 사람, 정말 못 말리겠구먼. 말속에 뼈가 있는 것 같아. 하지만 기분 나쁘진 않은걸. 자넨 말을 예쁘게 할 줄 아는구먼."

"그렇습니까? 감사합니다, 본부장님."

최 본부장은 마치 기회라도 잡았다는 듯 말을 이어갔다.

"그리고 말이야, 부하 직원을 일단 믿었으면 기회를 주고 기다려야 한다네. 이게 바로 리더가 무서움을 견디는 거라네."

장수는 최 본부장의 말이 쉽게 이해되지 않았다.

'뭐가 무서움을 견딘다는 거지?'

최 본부장이 말했다.

"리더는 말이야, 부하 직원에게 일단 일을 맡겼으면 믿고 기다려야지 중간에 이것저것 집적대면 안 된다네. 그런데 이건 정말 어렵다네. 기다리는 시간은 그야말로 두려움과 공포의 시간이지. 많은 리더들이 이런 공포의 시간을 견디지 못하고 무너진다네. 중간에 개입하거나 간섭하곤 하지.

자네도 이런 상사들을 일컬어 '사원 같은 부장', '대리 같은 상무', '좁쌀영감', '좀생이'라고 부르는 걸 들어본 적이 있을 걸세. 이렇게 되면 부하 직원은 피곤하기만 하고, 일다운 일을 제대로 해볼 기회가 없게 된다네. 일하는 보람을 느끼지 못하고 항상 스트레스에 시달리지. 이렇게 되면 상사도 죽어나고 부하도 동시에 죽어나는 거지.

물론 부하 직원에게 맡기기 전에 서로 충분히 이야기해야 한다네. 작업이 어떻게 진행되기를 기대하는지, 언제까지 마무리해주기를 원하는지, 서로 원하는 것에 대해 사전에 충분히 이야기를 나누어야 한다네. 이해되지 않거나 서로 합의되지 않았을 땐 몇 날 며칠 밤을 새워서라도 이야기를 나누어야 한다네.

그러고 난 뒤에는 믿고 맡기고, 끝까지 기다려야지. 그런데 믿고 맡긴다고 해서 알아서 잘하겠지 하거나, 자신이 원하는 결과를 충분히 말해주지도 않고 그냥 아무렇게나 대충 맡기는 건 방임이나 방치 또는 직무 유기에 해당한다네."

장수는 최 본부장의 말을 듣고 깜짝 놀라며 마음속에 그 말을 새겨 넣었다.

'충분히 대화를 나눈 뒤에 맡겨라. 그냥 대충 알아서 하라고 하는 건 직무유기다?'

최 본부장은 장수의 표정을 살폈다.

"자네, 혹시 내 말이 잘 이해가 가지 않더라도 계속해서 잘 생각해보게. 리더들은 교육을 보내주고, 뭔가를 가르쳐주면 부하 직원을 육성하는 거라고 생각하지만, 부하 직원들은 그렇게 생각하질 않는다네. 교육을 보내주는 건 회사에서 보내주는 거지 리더가 개인적으로 보내주는 거라고 생각하질 않는다네. 그리고 뭔가 가르쳐주는 것도 리더 자신이 필요하니까 마지못해 가르쳐주는 거라고 생각한다네.

리더가 자기에게 뭔가 도전적인 업무를 주고, 끝까지 믿고 기다려줄 때, 부하 직원들은 비로소 리더가 자신을 믿어주고, 자신을 육성해주고 있다고 느낀다네. 그렇게 되려면 리더는 공포의 시간을 견뎌야 하지. 리더가 그 공포의 시간을 견뎌내지 못하면 부하 직원들은 제대로 성장하지 못해. 그게 바로 두렵고 떨리더라도 리더가 공포의 시간을 견뎌야 하는 이유라네. 부하 직원들은 리더가 견뎌내는 공포의 시간을 먹고 자라는 셈이지."

'부하 직원들은 리더가 견뎌내는 공포의 시간을 먹고 자란다?'

장수는 최 본부장의 말을 머리로는 이해할 수 있었지만 가슴으론 선뜻 받아들이기가 어려웠다.

최 본부장은 자신이 과장 시절에 만났던 조미래 디자인실장 이야기를 들려주었다. 당시 조 실장은 모든 직원들이 함께 일하고 싶어 하는 상사였다고 한다. 조 실장은 직원들을 잘 챙기고 잘 키워주기로 정평이 나 있었고, 360도 리더십 평가를 하면 항상 전 직원에게 만점을 받았다고 한다. 리더십 평가에서 전 직원으로부터 만점을 받는다는 건 정말 어려운 일이다. 이는 직원들이 조 실장을 존경하고 있다는 것을 말해준다. 당시 최 과장은 조 실장에게 물었다.

"모든 사람들이 실장님과 함께 일하고 싶어 합니다. 그리고 실장님은 리더십 평가에서도 만점입니다. 그 비결이 무엇입니까?"

조 실장이 대답했다.

"비결이라고요? 쑥스럽군요. 저는 그런 비결이 없습니다. 다만 저는 공포의 시간을 견딜 뿐입니다."

최 과장이 놀라서 물었다.

"공포의 시간을 견딘다고요? 그게 무슨 뜻인가요?"

조 실장이 대답했다.

"먼저 직원들에게 명확한 방향을 제시합니다. 이 대목에서 저는 시간을 많이 투자합니다. 이 일을 하는 목적이 무엇인지, 어떻게 해야 하는지, 예상되는 장애는 무엇인지, 그 장애는 어떻게 해결할 것인지에 대해 직원들의 생각을 물어봅니다. 직원들과 제가 같은 방향으로 생각하고 있다는 것이 확인될 때까지 충분히 대화합니다. 충분한 대화를 통해 방향을 정하면 직원들 스스로 할 수 있도록 맡깁니다. 그리고 기다립니다. 직원들은 처음엔 시행착오를 하지만 결국엔 스스로 일을 처리해냅니다.

이때 중요한 것은, 직원들이 헤매고 있을 때 제가 개입해야 하는 중대한 사안인지, 아니면 이번엔 비록 실패하더라도 나중에는 교훈이 될 수 있는 사안인지를 판단하는 일입니다. 저는 중대한 사안을 제외하곤 비록 실패가 예상될지라도 중간에 개입하지 않고 기다립니다. 이때는 그야말로 심장이 녹는 시간입니다. 두렵고 불안하고 공포스러운 시간이지요. 그런데 제가 그 시간을 잘 견뎌내면 직원은 정말 잘해냅니다. 그리고 자신을 믿고 기다려준 저에게 더 큰 성공으로 보답합니다. 만약 제게 비결이 있다면 직원들을 믿고 기다리는, 이른바 공포의 시간을 견디는 것일 겁니다."

장수는 최 본부장과 함께 산을 내려오면서 많은 생각을 했다.

'아! 리더는 공짜로 되는 게 아니구나! 정말 뼈를 깎는 노력을 해야 하는 거구나! 근데 나는 뭐지? 그냥 승진만 하면 저절로 리

더가 되는 걸로 생각하고 있었다니…….'

장수는 부끄러웠다. 산을 내려와서 최 본부장이 막걸리를 한잔 하자고 했지만, 장수는 그럴 기분이 아니었다. 집에 부모님이 오신다는 핑계를 대고 서둘러 최 본부장과 헤어졌다.

제3장

자신의

생각을 의심하라

뒤집어서 생각할 줄 아는 지혜

주말에 등산을 한 덕분인지 장수는 모처럼 상쾌하게 일어났다. 장수는 가부좌를 틀고 명상에 잠겼다. 리더로서 일은 어떻게 해야 하는지, 사람은 어떻게 대해야 하는지, 많은 생각들이 떠올랐다. 장수는 아침을 든든히 먹고 마치 전쟁터에 나가는 사람처럼 비장한 각오로 출근했다. 최 본부장이 기다리고 있었다는 듯 장수를 불렀다.

"강 과장, 이제 시간도 제법 흘렀는데 팀 구성은 어떻게 할 생각인가?"

"예, 그게 그러니까……."

"아직까지 팀을 구성하지 못했구먼. 그럼 내가 도와줄까?"

"예, 본부장님이 팀을 구성해주시면 저는 거기에 무조건 따르겠습니다."

"그래? 무조건 따른다고? 자네가 따로 생각해둔 것은 없나?"

"예, 딱히……."

"아마 그럴 거야. 자넨 이제 막 승진했으니까 사람 뽑기가 쉽지 않을 거야."

"예, 그렇습니다."

"혹시 자네 동기 중에서 이 프로젝트를 함께해보고 싶은 사람은 없는가?"

장수는 하마터면 비명을 지를 뻔했다. 지난번에 그 일로 홍역을 치르지 않았던가.

최 본부장이 장수의 얼굴을 물끄러미 바라보면서 말했다.

"내 생각에 디자인실장은 박미소, 영업은 김정열, 생산은 하태만으로 팀을 만들면 어떨까 싶은데…… 자네 생각은 어떤가?"

장수는 하늘이 무너져 내리는 것 같았다. 박미소 실장이야 그야말로 자타가 공인하는 실력자고, 김정열은 원래 긍정적인 친구라 장수의 입장에선 천군만마를 얻는 게 되겠지만, 하태만은 지난번에도 그토록 길길이 뛰었는데…… 내게 온갖 욕을 다 퍼부을 텐데…….

"자네, 지금 혹시 하태만 대리 때문에 망설이고 있는 건가?"

"워낙 자존심이 센 친구라서……."

"자네, 그 친구가 부정적인 사람이라서 마음에 걸리나?"

"본부장님, 그게 아니라……."

"강 과장, 나도 하태만 대리가 부정적이라는 이야기는 많이 들었네. 한데 그건 꼭 나쁘게 볼 것만은 아니야. 흔히들 부정적인 걸 나쁘다고만 생각하는데, 다른 측면에서 한번 생각해보게!"

"예? 다른 측면에서 생각해보라고요?"

"그렇다네. 부정적인 시각은 누구나 다 옳다고 하는 것에 대해 다른 관점에서 한 번 더 생각해보는 거라고 할 수 있네. 말하자면 부정적인 시각은 뒤집어서 생각하는 지혜라고 할 수 있지. 한 방향으로 치우친 관점에선 찾지 못하는 문제를 미리 생각하게 해주는 균형 잡힌 생각이라고나 할까……."

장수는 최 본부장의 말에 수긍하기 어려웠다.

'부정적인 시각이 오히려 균형 잡힌 생각이라고? 말도 안 돼!'

최 본부장이 말했다.

"또 한편으론 말이야, 사람들은 자기 의견에 반대하면 무조건 부정적인 사람이라고 단정해버리는 경향이 있지. 그게 오히려 속 좁은 사람 아니겠나? 내가 볼 때 하태만 대리는 부정적인 측면과 긍정적인 측면을 동시에 살피려고 노력하는 균형 잡힌 사람으로 보이네만……."

장수가 대답했다.

"예, 본부장님. 저도 하태만 대리의 생각이 깊은 고민에서 나온다는 걸 잘 알고 있습니다. 하 대리가 함께해준다면 더없이 고마운 일이지만, 그 친구 자존심이 워낙 강해서……."

"그건 걱정하지 말게. 내가 불러서 잘 이야기해보겠네."

'근데 이게 뭐야? 본부장님이 원래 이런 사람이었어? 직원들에겐 따뜻하고 잘 챙겨주는 부드러운 사람으로 알려져 있는데, 이건 그냥 자기 생각대로 막 밀어붙이고 있잖아?'

최 본부장이 밀어붙여서 기분은 좋지 않았지만, 덕분에 팀 구성이 해결되었다. 장수는 최 본부장이 말한 인원 구성을 머릿속에 떠올려보았다.

    사업부장 최유연 본부장
    총괄 MD 강장수 과장
    디자인실장 박미소 실장
    생산 담당 하태만 대리
    영업 담당 김정열 대리
    일반 행정 사원 신새롬

얼핏 생각하니 모두 제각각인 듯싶고, 어찌 보면 환상의 팀이 될 것 같기도 했다.

사업부장 최유연 본부장은 이름 그대로 회사에서 최고로 유연한 사람이다. 항상 상대방의 이야기에 귀를 기울이고, 상대방의 의견을 존중해주며, 부드럽게 자신의 의견을 말하는 것으로 유명하다. 물론 이번에 장수는 다르게 느끼고 있긴 하지만…….

디자인실 박미소 실장은 미소가 떠나질 않는다. 일을 할 때도 밝게 웃으면서 일한다. 마치 자신의 얼굴을 미소로 디자인하는 것 같다. 디자인에 관해선 자타가 공인하는 최고의 실력자다.

MD는 강장수 과장이다. 아버지가 강한 장수가 되라고 지어준 이름대로 강력한 카리스마를 지니고 있다. 목표 지향적이며, 도전 정신이 뛰어나고 일단 행동에 옮긴다. 상황 적응력이 뛰어나고 일하는 속도가 매우 빠르다.

생산은 하태만 대리다. 똑똑하고 완벽을 추구한다. 부정적인 사람으로 낙인찍힐 정도로 매사에 문제를 제기한다. 여러 각도에서 사물을 관찰하는 습관 덕분에 때론 아무도 찾아내지 못하는 문제점을 찾아내기도 한다.

영업은 김정열 대리다. 매사에 긍정적이고 열정적이다. 사교적이라서 사람들과 잘 어울린다. 특히 강장수와 친하다.

일반 사무는 신새롬 사원이다. 대표적인 신세대로서, 별명은 천방지축이다. 일은 잘하는 것 같은데, 다소 이기적이다.

최고로 유연한 사업부장, 밝은 미소의 디자인실장, 강한 장수인 MD, 매사에 부정적인 생산 담당, 열정적인 영업 담당, 천방지축 일반 사무……

"강 과장, 무슨 생각을 그렇게 하고 있나?"

장수가 생각에 잠겨 있는 동안 최 본부장은 침묵하며 기다려주었다. 장수에게 생각할 시간을 주는 듯했다.

"박 실장과 하 대리, 김 대리는 내가 직접 불러서 이야기하겠네. 이번 주말이면 모두 마무리될 테니까 팀을 꾸린 기념으로 이번 주 토요일에 등산이나 함께하세."

"예, 알겠습니다."

장수는 복잡한 마음으로 본부장실을 나왔다. 복도에서 하 대리를 만났다.

"강 과장, 어디 갔다 오는 거야?"

제3장 | 자신의 생각을 의심하라　**101**

"응, 본부장님이 불러서……."

"그래? 나도 지금 본부장님이 불러서 가는 길인데. 뭐래?"

"응, 사업부 팀 구성이 늦다고 혼났어."

하태만은 문득 불길한 생각이 머리를 스쳤다.

'저 친구, 혹시 나를? 에이! 아니겠지. 지난번에 그렇게 난리를 쳤는데…….'

최 본부장이 하 대리를 반갑게 맞아주었다.

"어서 오게, 하 대리. 요즘 어떻게 지내고 있나? 하 대리도 이제 승진할 때가 됐지?"

"기억해주셔서 감사합니다, 본부장님."

"하 대리, 이번에 캐주얼 브랜드 론칭하는 거 알고 있지?"

"예, 알고 있습니다."

"자네가 생산쪽을 좀 맡아주었으면 하네."

하태만은 당황했다. 그렇잖아도 지난번에 그 일로 김정열 대리와 한판 붙지 않았던가?

'강장수! 이 친구…… 이런 식으로 일을 진행하다니…….'

하태만은 장수를 의심했다.

"본부장님, 그건 좀……."

"왜? 강 과장이 입사 동기라서 그런가?"

최 본부장은 하태만의 의표를 찔렀다.

"그게 아니라……."

"하 대리, 이번 프로젝트엔 자네가 꼭 필요하네. MD인 강 과장은 장점도 많지만 물불 가리지 않고 일부터 저지르는 스타일이라서 균형을 잡아줄 사람이 필요하다네. 자네가 그 역할을 좀 맡아주었으면 하네."

"예? 제가 균형 잡는 역할을 한다고요?"

"그래. 자네는 남들이 당연하다고 생각할 때도 문제를 제기하지 않나? 사람들은 그런 자네를 부정적이라고 말하지만, 나는 그렇게 생각하지 않네. 상식적으로도 생각해보고, 뒤집어서 비상식적으로도 생각해볼 때 비로소 지혜가 생기는 것 아니겠나? 나는 그걸 뒤집어 생각할 줄 아는 지혜라고 생각한다네."

"예? 뒤집어 생각할 줄 아는 지혜라고요?"

'허허…… 이 양반, 지금 날 끌어들이려고 무슨 궤변을 늘어놓는 거야?'

그러면서도 최 본부장이 자기를 설득하기 위해 늘어놓는 궤변이 하태만은 싫지 않았다.

'내가 부정적이 아니라 뒤집어 생각할 줄 아는 지혜로운 사람이라……'

"그래. 조직에선 강 과장처럼 행동으로 밀어붙이는 돌격대장도 필요하지만 자네처럼 신중하게 딴지를 거는 사람도 필요하다네."

'뭐라고? 딴지를 건다고?'

하태만의 생각을 알고 있다는 듯 최 본부장이 너스레를 떨었다.

"하하핫…… 오해하지 말게. 남들은 딴지를 건다고 생각하지만, 나는 그걸 사물의 양면을 동시에 볼 줄 아는 지혜라고 부른다네. 그리고 자넨 검토 단계에서는 자유롭게 문제를 제기하지만, 일단 의견이 모이고 나면 군소리 없이 열심히 하질 않나? 나는 자네의 그런 점을 높이 산다네. 검토 단계에선 박 터지게 싸우지만, 일단 의견이 모이면 불만 없이 일사불란하게 일하는 바로 그 자세 말이야!"

'검토 단계에선 박 터지게 싸우지만, 의견이 모이면 불만 없이 일사불란하게 일한다고? 내가?'

"자넨 강 과장과 환상의 팀이 될 수 있어. 서로의 장점을 존중해준다면 말이지."

"예? 저희들이 환상의 팀이 될 수 있다고요?"

"그래, 자네들은 서로 갖지 못한 걸 가지고 있으니까."

'서로 갖지 못한 것을 가지고 있다?'

"하 대리, 날 믿고 함께 일해보지 않겠나?"

하태만은 묘한 기분이 들었다. 강 과장 밑에서 일하긴 죽기보다 싫은데, 최 본부장 말을 들으니 자신이 오히려 더 중요한 역할을 할 수도 있겠다는 생각이 들었다.

'허~ 그것참 곤란하네. 어쩌지? 본부장 말에 반박할 거리도 딱히 없고…… 강장수의 지시를 받기는 싫고…… 이거 어쩌지?'

하태만이 계속 망설이자 최 본부장이 답답해하며 말했다.

"이보게, 하 대리! 인디언 속담에 빨리 가려면 혼자 가고, 멀리 가려면 함께 가라는 말이 있다네. 우리 함께 멋진 여행을 해보지 않겠나?"

하태만은 속으로 중얼거렸다.

'빨리 가려면 혼자 가고, 멀리 가려면 함께 가라.'

"하 대리, 지금 당장 결정하기 어려우면 나중에 결정해주게."

"예, 알겠습니다. 본부장님, 감사합니다."

본부장실에서 나온 하태만은 갑자기 배가 아파 화장실에 앉아 한참 동안 생각에 잠겼다. 최 본부장은 나를 '긍정과 부정의 양면을 볼 줄 아는 지혜로운 사람'이라고 했다. 하태만은 생각했다.

'그래, 나는 긍정적인 측면과 부정적인 측면을 동시에 생각하는 습관이 있지. 이렇게 하면 많은 경우에 지혜가 생긴단 말이야. 그런데 본부장은 그걸 간파하고 있었네!'

하태만이 부정과 긍정의 양면을 동시에 보려고 하는 건 주로 이런 것들이다.

- 남들이 모두 좋다고 하면, 반대로 그 좋은 것을 얻는 대가로 어떤 것을 포기해야 하는가?
- 남들이 모두 나쁘다고 하면, 반대로 그 나쁜 것으로 인해 얻을 수 있는 것은 무엇인가?
- 남들이 모두 애로 사항이라고 하면, 반대로 그 애로 사항으로 인해 얻는 것은 무엇인가?
- 지금 회사 사정이 최악이라고 하면, 반대로 지금 최악의 상황이기 때문에 얻는 것은 무엇인가?
- 이번 거래에서 손실이 발생했다고 하면, 반대로 이번 거래의 손실로 인해 얻는 것은 무엇인가?
- 승진에서 누락했다고 하면, 반대로 승진에서 누락한 것으로 인해 얻는 것은 무엇인가?
- 지금이 위기라고 하면, 반대로 지금이 위기이기 때문에 얻는

것은 무엇인가?
- 지금이 절호의 기회라고 하면, 반대로 지금이 좋은 기회이기 때문에 조심해야 할 것은 무엇인가?
- 올해 흑자가 많이 났다고 하면, 반대로 흑자가 많이 났기 때문에 조심해야 할 것은 무엇인가?

하태만이 이런 질문을 하면 대부분의 사람들은 질색했다.
"저 친구는 궤변론자야!"
그러나 하태만은 알고 있었다. 때론 부정적이라는 말을 듣기도 하지만, 이렇게 생각을 뒤집어서 부정적인 측면과 긍정적인 측면을 동시에 살펴보면 많은 것들을 새롭게 알 수 있다. 지혜가 생긴다. 하태만은 이런 자신을 알아주는 최 본부장이 고마웠다.
'그래, 어차피 일하는 거, 나를 인정해주는 사람과 일하면 더 좋지 않겠어!'
하태만은 휴대폰을 꺼내 문자를 날렸다.
'본부장님, 감사합니다. 본부장님과 함께 멀리 가보고 싶습니다.'
최 본부장은 김정열 대리와 박미소 실장을 모두 불러 인사 발령 통보를 끝냈다.

말하지 않으면
귀신도 모른다

이제 최 본부장의 진두지휘로 팀 구성 작업이 완료되었다. 팀원들은 주말을 이용해 가야산 등반에 나섰다.

"본부장님, 가야산은 너무 멀어요. 서울 근교에도 좋은 산이 많은데 굳이 합천까지 갈 필요가 있나요?"

신새롬이 최 본부장에게 불만을 털어놓았다. 자기 의견을 거침없이 말하는 게 역시 신세대다웠다.

"그러게 말이야, 가야산은 너무 멀지?"

최 본부장은 새롬 씨의 푸념을 너그럽게 받아주었다.

김정열 대리가 끼어들었다.

"아닙니다, 본부장님. 우린 이제 한 팀이 되었으니 멀리 가는 것도 의미가 있습니다. 이참에 서로 친해질 수 있는 기회가 되지 않겠습니까?"

'어이구~ 저 화상! 딸랑딸랑도 유분수지. 그렇게 좋으면 1박 2일 등산만 할 게 아니라 아예 본부장 집에서 눌러살아라.'

장수가 속으로 중얼거렸다. 그러면서도 장수는 김 대리가 아부하는 게 싫지만은 않았다. 박 실장은 여느 때처럼 살포시 웃음 지었고, 하 대리는 얼굴을 찡그렸다.

"그래도 차가 멋져서 좋아요. 이렇게 멋진 차는 태어나서 처음 타봐요."

새롬 씨가 언제 그랬냐는 듯 환하게 웃으며 말했다. 최 본부장은 연예인들이 타는 리무진 버스를 렌트했다. 회의를 할 수 있을 정도로 넓은 공간이 차를 개조한 것 같았다. 운전기사도 함께 따라왔다.

리무진 버스는 미끄러지듯 가볍게 출발했다. 좋은 차는 승차감도 상쾌했다. 리무진 버스는 전용 차선을 신나게 달렸다. 토요일 오전엔 고속도로가 늘 막혀서 답답했는데, 전용 차선을 타고 거침없이 달리니 장수는 기분이 상쾌했다. 어느새 충주에 도착해 휴게소에서 잠깐 휴식을 가졌다. 김정열 대리가 아메리카노 커피를 쏘았다.

충주까지 마냥 졸고 있던 최 본부장은 휴게소에서 활력을 찾은 듯했다. 최 본부장이 활기차게 말했다.

"자, 우리 팀이 처음으로 여행을 가는 건데 조금 색다른 게임을 해볼까?"

"예? 유치하게 게임을요?"

장수는 자신도 모르게 속사포처럼 말을 뱉고 말았다.

"허허허…… 유치하다? 그렇지. 생각하기에 따라선 유치할 수도 있지. 그럼 우리 유치한 게임 한번 해볼까?"

"본부장님, 죄송합니다. 그게 아니라……."

"아니야, 자넨 솔직하게 말하는 게 장점이지. 개의치 말게. 좋은 뜻으로 받아들이겠네. 하하하."

최 본부장은 게임의 이름을 '칭찬 샤워'라고 했다. 마치 칭찬으로 샤워를 하는 것처럼 한 사람에 대해 다른 사람들이 순서대로 돌아가면서 그 사람의 장점을 말해주는 게임이었다. 한 사람이 끝나면 나머지 사람들에게도 순차적으로 돌아가며 칭찬하는 방식이었다.

"그럼, 막내 새롬 씨부터 해볼까? 새롬 씨는 명랑하고 쾌활해서 좋아요."

최 본부장이 먼저 시범을 보였다.

"새롬 씨는 자기 생각을 솔직하게 말해줘서 좋아요."

장수가 이어서 말했다.

"밝은 에너지가 넘쳐흘러요."

"함께 있으면 즐거워요."

"새롬 씨는 이름처럼 만날 때마다 늘 새로워요."

모두 돌아가며 새롬 씨의 장점을 말했다. 새롬 씨가 몸을 비비꼬며 말했다.

"본부장님, 이거 너무 이상해요. 칭찬을 들으니까 기분이 날아갈 거 같아요."

"허허~ 그런가?"

최 본부장이 새롬 씨를 흉내 내며 몸을 비틀었다. 모두들 박장대소했다.

김정열 대리 차례가 되었다.

"김 대리는 매사에 긍정적이고 열정적입니다."

장수가 말했다. 다른 사람도 순서대로 말을 이어갔다.

"김 대리는 사람들과 쉽게 잘 어울리고 친화력이 뛰어납니다."

"다른 사람들의 기분을 잘 알아차립니다."

"생각이 열려 있고, 다른 사람들을 잘 도와줍니다."

"김 대리를 만나면 항상 즐겁더군."

최 본부장이 마지막으로 말을 마치자 김 대리가 얼굴이 벌게지며 말했다.

"이거 참 신기하네요. 말 몇 마디로 기분이 이처럼 좋아질 수 있다니…… 마치 허공에 붕 떠 있는 느낌입니다."

"허허허, 허공에 떠 있는 느낌이라……. 자, 이제 하 대리 차례인가? 하 대리는 남들이 미처 생각하지 못하는 이면을 잘 파악하는 사람이지."

최 본부장은 마치 진행자가 된 것처럼 게임을 자연스럽게 이끌었다.

"하 대리는 매사에 신중하고 차분합니다."

"원칙을 잘 지키고, 완벽을 추구하는 사람입니다."

"계획적이고 체계적입니다."

"하 대리님은 자료 찾는 방법을 잘 가르쳐주세요."

하 대리는 여태까지 주위로부터 부정적이라는 말을 많이 들어왔다. 그런데 지금 이들은 자신이 원칙을 지키고, 완벽을 추구하며, 계획적이고 체계적인 사람이라고 말하고 있다. 정말 신기한 일이었다. 같은 모습을 이렇듯 다르게 표현할 수 있다니……. 하 대리는 신음을 토하듯 말했다.

"으윽~ 이거, 뭐가 뭔지 정말 헷갈립니다. 그런데 몸에서 열이 막 납니다."

"허공에 붕 떠 있는 사람, 기분이 날아갈 것 같은 사람, 몸에서 열이 나는 사람, 정말 다양하군."

최 본부장이 웃으며 말했다.

"자, 이제 강 과장 차롄가? 강 과장은 도전 정신이 뛰어나고 추진력이 탁월하지."

"강 과장님은 주관이 뚜렷하고, 일 처리가 뛰어납니다."

신새롬이 속사포처럼 말했다. 어느새 모두들 자연스럽게 참여했다.

"목표 의식이 투철하고 시간 관리를 잘합니다."

"상황 적응 능력이 뛰어나며, 실행 속도가 빠릅니다."

"어려운 상황에서도 물러나지 않는 불굴의 도전 정신을 가지고 있습니다."

강 과장은 여태껏 독불장군, 무대뽀, 안하무인이라는 말을 자주 들었다. 작년에 C팀장은 강 과장 자신에게 '모든 걸 잘해야 직성이 풀리는 병'에 걸린 사람 같다고 했었다. 그런데 지금 이들이 말하는 건 도대체 뭔가?

'장점과 단점은 같은 선상에 있는 건가? 보기에 따라 그게 장

점이 되기도 하고 단점이 되기도 하는 건가?'

그게 비록 단점과 같은 모습일지라도, 사람들이 장점으로 말해주니까 장수는 기분이 매우 좋아졌다.

"본부장님, 칭찬 샤워 이거 후끈합니다. 허허허……."

장수가 말했다.

"그렇지? 후끈하지? 이제 마지막으로 박 실장 차례인가? 박 실장은 얼굴도 예쁘고 항상 밝게 웃는 모습이 마치 미소 디자이너 같아."

"헉! 미소 디자이너라고요? 제가 정말 디자이너가 되길 잘했나 봐요. 감사합니다."

박 실장이 답례 인사를 했다.

"박 실장님은 무척 친절하신 분입니다."

"다른 사람을 배려해주시는 분입니다."

"자기주장을 하기보다 상대방의 이야기를 먼저 들어주십니다."

"다그치지 않고 믿고 기다려주시는 분입니다."

이윽고 칭찬 샤워 게임이 끝났다. 팀원들 모두 기분이 상쾌해지고 한층 더 친해진 느낌이 들었다. 최 본부장이 준비한 칭찬 게임은 유치한 게 아니라 최고의 게임이었다.

"강 과장, 유치한 게임을 해본 소감이 어때?"

'어, 저 양반 은근히 뒤끝이 있네. 앞으로는 말조심해야겠는 걸……'

장수는 뜨끔했다.

"아~ 예, 본부장님~ 유치하긴요. 정말 끝내줬습니다요. 서로 친해지는 데 이보다 더 좋은 방법은 없을 것 같습니다. 최곱니다용! 딸랑딸랑~."

 귀에 손을 대고 딸랑거리는 흉내를 내는 강 과장의 모습에 모두들 박장대소했다.

장점이 지나치면 약점이 된다

최 본부장이 다시 말했다.

"자, 그럼, 이 게임을 하면서 무얼 느꼈는지 각자 소감을 말해보기로 할까? 새롬 씨는 어땠어?"

"예, 저는 칭찬을 받을 땐 마냥 신났고요. 칭찬하려고 할 땐 조금 어렵긴 했지만 선배님들이 모두 멋져 보였어요."

신새롬이 속사포처럼 말했다.

"예, 같은 모습도 어떻게 말하는가에 따라 전혀 다른 모습이 된다는 걸 알았습니다. 다른 사람들이 저를 부정적이라고 말할 때, 본부장님은 제 생각에 균형이 잡혀 있다고 말씀해주셨는데 이제야 그 뜻을 알 것 같습니다."

하 대리가 눈시울을 붉히며 말했다.

"같은 모습도 어떻게 보는가에 따라 전혀 다른 모습이 된다는 걸 알았군. 대단한 통찰일세."

그때 김 대리가 끼어들며 말했다.

"예. 저는 앞으로 사람들의 장점만 보고, 장점만 말해줘야겠다는 생각이 들었습니다."

"그렇지. 상대방의 장점을 찾아내어 잘 발휘할 수 있도록 도와주는 것이 리더의 역할이지. 근데 말이야, 장점이란 놈은 요상해서 너무 심하게 발휘되면 그게 곧 단점이 되어버리지. 그걸 잊으면 안 돼. 특히 김 대리는 더욱더!"

최 본부장이 김 대리를 근심 어린 눈빛으로 바라보며 목소리에 힘을 주어 말했다.

"아니, 본부장님. 장점이 많이 발휘되면 좋은 거 아닙니까? 장점이 너무 발휘되면 그게 곧 단점이 된다는 말씀은 이해하기 어렵습니다."

김 대리가 따지듯 말했다.

"그런가? 자네들은 다른 사람들이 말하는 자네들의 약점이 뭔지 알고 있는가? 이건 서로 말해주기 쉽지 않을 것 같으니 내가 말해주지."

최 본부장은 눈을 감고 심호흡을 하며 잠시 망설였다. 그리고 뭔가 결심을 하는 듯하더니 이윽고 말문을 열었다.

"사람들은 나를 보고 유연하다 못해 교활하다고 말한다네!"

"예? 본부장님이 교활하다고요? 그건 말도 안 됩니다. 그 사람들 사이코 아닌가요?"

김정열 대리가 기겁을 했다.

최 본부장이 빙그레 웃으며 말을 이었다.

"그럼 저렇게 착하고 아름다운 미소를 짓고 있는 박 실장은 사람들이 뭐라고 할까? 놀라지들 말게! 느려터져서 속 터져 죽겠다고 말한다네."

장수는 망연자실했다.

'이거 뭐야? 아무리 사람을 모함해도 그렇지.'

최 본부장이 박 실장의 얼굴을 힐끔 쳐다봤다. 박 실장의 얼굴이 한순간 홍당무처럼 달아올랐다. 그러나 최 본부장은 개의치 않고 신이 난 듯 읊어댔다.

"강 과장은 독불장군, 안하무인, 무데뽀, 좀 많네! 하 대리는 불평분자, 부정적인 사람, 재수 없는 놈……, 김 대리는 천방지축, 흘리고 다니는 놈, 시간 관리를 못하는 놈……;"

최 본부장이 말을 멈추고 팀원들의 얼굴을 쳐다봤다.

"이 모든 것이 각자의 장점이 지나치게 발휘되었을 때 나타나는 부작용이라네. 각자의 장점은 지나치면 곧 단점이 될 수 있다는 걸 잊지 말기 바라네!"

최 본부장은 잠시 멈추었다가 계속해서 말했다.

"사실 장점과 단점이란 원래부터 정해져 있는 게 아니지. 어느 입장에서 보는가에 따라 장점이 되기도 하고 단점이 되기도 하지. 오른쪽과 왼쪽은 원래 고정되어 있는 것이 아니라, 어느 쪽에서 보는가에 따라 오른쪽이 되기도 하고 왼쪽이 되기도 하는 것과 같은 이치라네. 모든 사물은 양면성이 있기 마련이지."

장수는 침을 꼴깍 삼켰다.

'어느 쪽에서 보는가에 따라 오른쪽과 왼쪽이 달라진다? 오른쪽과 왼쪽은 원래 고정되어 있는 것이 아니다? 모든 사물은 양면성이 있다?'

최 본부장이 계속해서 말했다.

"상대방을 볼 때 어느 한쪽으로 고정시켜놓고 보면 문제가 될 수 있지. 어느 쪽에서 보는가에 따라 오른쪽과 왼쪽이 달라지듯이, 누구에게나 오른쪽과 왼쪽이 동시에 있는 것 아니겠나? 오늘 우리들이 몸소 체험한 것처럼 말이야. 모든 사물은 양면성이 있기 마련이니까, 앞으로 사람을 볼 때나 일을 할 때나 어느 한쪽으로 고정시켜놓고 보지 말고, 긍정적인 측면과 부정적인 측면을 동시에 살피는 지혜를 가져주길 바라네. 그 사람의 약점과 장점을 동시에 볼 줄 알아야 비로소 그 사람을 온전히 볼 줄 아는 지혜가 생기지 않겠나?"

장수는 최 본부장의 말을 머릿속에서 정리했다.

'원래부터 오른쪽과 왼쪽은 고정되어 있는 게 아니다. 오른쪽과 왼쪽이란 어느 쪽에서 보는가에 따라 달라진다. 모든 사물은 양면성이 있다. 그 사람을 어떤 시각으로 보는가에 따라 약점과 장점이 달라질 수 있다. 어떤 사람을 볼 때도 그 사람의 부정적인 측면과 긍정적인 측면을 동시에 봐야 온전히 그 사람의 참모습을 알 수 있다.'

장수는 최 본부장이 대단하게 느껴졌다. 어떨 때는 유연하고, 어떨 때는 신속하고, 어떨 때는 강하게 처신한다. 지금이 그렇지 않은가? 이런 말들을 이처럼 자연스럽게 하고 있질 않은가?

'이 양반은 이런 교훈을 전하려고 일부러 칭찬 샤워 게임을 한 게 아닌가? 정말 무서운 사람이다. 아니면 진정으로 우릴 위하는 마음이 큰 사람이든가……'

제법 무거운 이야기를 하고 있는데도 장수는 지겨운 줄 몰랐다. 리무진 버스는 어느덧 문경새재를 넘어가고 있었다.

자신의 생각을 의심하라

최 본부장은 조금도 지친 기색이 없었다.

"강 과장, 자네는 칭찬 게임에서 무얼 느꼈나?"

최 본부장이 물었다.

"예. 저는 우리의 생각이 언제나 정확하지는 않다는 걸 느꼈습니다."

"우리의 생각이 언제나 정확하지는 않다?"

"예. 그렇습니다. 어떤 때는 하 대리 생각이 맞기도 하고, 어떤 경우엔 김 대리 생각이 옳기도 하고, 어떨 땐 제 판단이 맞기도 하다는 걸 저는 평소에도 많이 느끼고 있었습니다."

"그 말이 왠지 자네가 항상 틀릴 수도 있다는 말처럼 들리네만……"

"예. 그렇습니다. 누구나 틀릴 수 있습니다. 언제나 옳은 사람은 없는 것 같습니다."

"역시 내 눈이 정확했구먼! 나는 자네가 이 시험을 통과할 줄 알았지."

"예? 시험이라고요?"

"그래, 시험이라네. 근데 예전에 나는 이 시험을 통과하지 못했었지."

최 본부장은 옛 생각을 떠올리듯 지그시 눈을 감았다. 이윽고 최 본부장이 입을 열었다.

"나중에 해인사 등반이 끝난 뒤에 말하려 했는데…… 강 과장이 이 문제를 맞혔으니 지금 말하겠네. 강 과장이 말한 것이 바로 이 게임의 핵심일세."

"예? 게임의 핵심이라고요?"

장수가 되물었다.

"내가 왜 가야산에 오려고 했는지 아는가? 그건 바로 가야산 해인사에 내 은사님이 계시기 때문일세. 자네들을 은사님께 소개하고 우리 팀에 필요한 지혜를 얻어가려고 굳이 여기까지 온 거네."

최 본부장이 굳이 멀리 가야산 등반을 하자고 한 이유를 밝혔다. 본부장은 단지 친목뿐만 아니라, 일을 하는 데 필요한 지혜, 살아가는 데 필요한 지혜를 팀원들에게 알려주고 싶어 했다.

"강 과장이 말한 것처럼 이 게임의 핵심은 '자신의 생각을 의심하라'는 것이네."

최 본부장은 자신의 스승이 알려준 교훈을 털어놓았다.

"'자신의 생각을 의심하라!'

이게 바로 내 스승님이 알려주신 교훈이라네."

교훈은 이랬다.

'우리는 세상을 있는 그대로 보는 게 아니라, 자신의 안경을 통해 본다. 이게 바로 인간의 구조다. 인간은 객관적으로 세상을 볼 수 없다. 오직 자신의 주관을 통해서만 비로소 세상을 볼 수 있다. 이건 옳고 그름의 문제가 아니라, 인간의 구조다.

그리고 사람들은 언제나 자신이 옳고 다른 사람은 틀렸다고 생각한다. 여기서 충돌이 일어난다. 인간관계의 갈등이란 서로 자신이 옳다고 하는 생각들의 충돌이다. 나는 옳고 상대방은 틀렸다고 생각하기 때문에 갈등이 생기는 것이다.

사실 인간관계에 있어 자신을 괴롭히는 것은 바로 자신의 생각이다. 어떤 사람이나 상황에 대해 다른 사람들은 아무렇지도 않은데 자기 혼자만 화가 난다면, 이는 그 상황이나 그 사람 때문에 화가 나는 것이 아니라 자신의 판단 때문에 화가 나는 것이다. 그러므로 상황이 화나게 만드는 것이 아니라, 상황에 대한 자신의 판단 때문에 화가 나는 것이다. 이때 자신의 판단이 맞을 수도 있고 틀릴 수도 있다. 그런데도 항상 자기가 옳다고 생각하기 때문에 화가 나는 것이다.

그러나 지혜로운 사람은 자신의 생각도 언제든 틀릴 수 있다는 걸 안다. 자신이 옳다는 생각이 들 때는 곧바로 자신의 생각을 의심한다. 정말 내가 맞는 걸까? 혹시 저 사람이 맞는 건 아닐까?

이렇게 자신의 생각이 언제나 틀릴 수 있다는 것을 알아차리는 사람이 바로 깨달은 사람이다.

　반면에 언제나 자기 생각만 옳다고 주장하는 사람은 마치 머릿속에서 주먹을 꽉 쥐고 있는 것과 같다. 이런 사람은 좌충우돌하고 쉽게 왕따를 당한다. 항상 속이 시끄럽고 화가 난다. 인간관계는 엉망이 되고 만다. 때문에 이런 사람은 세상을 행복하게 살아가기가 어렵다.

　서로 좋은 관계를 맺으며 행복하게 살기 위해서는 머릿속의 움켜쥔 주먹을 펴야 한다. 자신의 판단이 언제나 옳다는 생각을 버려야 한다. 자신의 생각도 틀릴 수 있다는 것을 이해해야 한다. 만약 화가 난다면 즉시 자신의 생각을 돌이켜보라. 지금 내 생각이 맞는 걸까? 혹시 내 생각이 틀린 건 아닐까 하고 자신의 생각을 의심하라. 여기에 인간관계의 비결이 있다.'

　장수는 최 본부장의 이야기에 빨려들었다.
　'갈등이란 서로 자신이 옳다고 주장하는 생각의 충돌이다? 머릿속의 주먹을 펴야 한다? 자신의 생각만 옳다는 태도를 버리는 것이 행복의 지름길이다? 그럼 내가 옳다는 생각을 내려놓으면 행복할 수 있겠네?'
　장수는 자신이 옳다고 생각하면 끝까지 자신의 생각을 밀어붙인다. 때문에 독선적이라는 말을 많이 들었다.

　장수는 생각했다.
　다른 사람의 의견은 잘 듣지 않고 자기만 옳다고 주장하는 사람들을 가리켜 '독선적이다, 꽉 막혔다, 벽창호 같다, 독불장군이다, 혼자만 잘났다' 하는 식으로 부른다. 이들은 다른 사람들과 충돌을 많이 일으킨다. 특히 높은 지위에 있는 리더들 중에는 이런 사람들이 많다.

반면에 자신만 옳다고 주장하기보다 다른 사람의 의견을 잘 받아들이는 사람들을 가리켜 '유연하다, 부드럽다, 포용력이 있다, 열려 있다, 협력적이다, 수평적이다'라고 한다. 우리는 이런 리더들을 존경한다.

이 둘의 차이점은 언제나 자기 생각만 옳다고 주장하는가, 자기도 언제나 틀릴 수 있다는 것을 알고 있는가에 있다.

천당과 지옥은
자신의 생각 속에 있다

장수는 문득 작년에 다른 회사로 옮겨갔던 도재수 대리가 떠올랐다. 도 대리는 늘 입에 불만을 달고 다녔다.

"우리 팀은 정말 콩가루야! 팀장은 얼마나 무책임한지…… 문제가 생기면 자기는 뒤로 빠지고 모든 책임을 부하들에게 전가하기 일쑤라고! 도대체 팀장으로서 책임지는 일이 하나도 없어. 그리고 동료들은 모두들 왜 그리 비협조적인지, 일을 하려고 하면 숨이 턱턱 막힌다니까. 게다가 부하 직원들은 왜들 그리 무능력한지…… 도대체 쓸 만한 사람들이 하나도 없어!"

도재수 대리는 자기 팀장은 무책임하고, 동료들은 비협조적이고, 부하들은 무능력하다는 말을 입에 달고 다녔다. 그래서 도 대리는 회사에 출근하는 것이 마치 지옥에 가는 것 같다고 했다. 그런데 도 대리 팀의 다른 직원들은 자기 팀이 일하기 좋다고 했다.

팀장은 인자하고, 동료들은 따뜻하고, 후배들은 상냥하다고 했다. 자기 팀은 실적도 좋고 분위기도 좋아서 일할 맛이 난다고 했다.

도 대리는 지옥으로 출근하고, 다른 팀원들은 천당으로 출근하는 것 같았다. 결국 도 대리는 작년에 퇴사했다. 도 대리는 다른 회사에 가서도 역시 어렵게 생활하고 있다는 소문이 들려왔다.

장수는 최 본부장의 스승인 무애스님의 교훈을 정리해보았다.
'우리는 세상을 있는 대로 보는 게 아니라, 자신의 주관대로 본다. 인간은 세상을 객관적으로 볼 수 없는 존재다. 그게 인간의 구조다. 나를 괴롭히는 건 상황이 아니라, 상황에 대한 내 생각이다. 상황에 대한 내 생각이 나를 괴롭힌다. 내가 다니는 직장이 천당인지 지옥인지는 내 생각이 결정짓는다. 내 생각에 따라서 천당과 지옥이 결정된다. 자신의 행복과 불행은 모두 자신의 생각에 달려 있다. 자신의 생각을 의심하라!'

장수는 문득 할머니가 돌아가셨을 때 일이 생각났다. 할머니는 장수가 어린 시절에 돌아가셨다. 할머니와 같은 마을에 살고 있던 할머니 한 분이 문상하러 와서는 대성통곡을 했다. 장수는 이상했다.

'근데 저 할머니는 왜 저렇게 슬프게 우는 거지? 우리 친척도 아니고, 우리 할머니와 별로 친하지도 않았는데……'

장수는 어머니에게 물었다.

"엄마, 저 할머니는 왜 저렇게 슬프게 울어? 우리 친척도 아니잖아? 그냥 같은 마을에 사는 할머니잖아?"

어머니가 말했다.

"장수야, 그건 말이야, 저 할머니가 자신의 처지가 어렵기 때문이란다. 초상집에 와서 대성통곡하는 사람들은 자신의 처지를 생각하면서 슬프게 우는 거란다. 자기가 힘들면 이웃집 어린아이도 힘들어 보이고, 자기가 편안하면 이웃집 아이도 행복해 보이는 법이란다."

장수는 선뜻 어머니의 말을 이해하기 어려웠다.

'초상집에서 대성통곡하는 것이 자신의 처지 때문이다?'

장수는 세월이 한참 흐른 뒤에야 어머니가 한 말을 이해할 수 있었다.

'천당과 지옥은 모두 자신의 생각 속에 있다.'

리무진 버스는 어느덧 구미를 지나고 있었다. 좋은 차를 타서 그런지 장수는 별로 피로를 느끼지 못했다. 차 안은 이야기의 열기로 후끈거렸다. 최 본부장은 열이 나는지 겉옷을 벗었다. 잠시 창밖을 바라보던 본부장이 문득 생각난 듯 말했다.

"아차! 박 실장은 아직 소감을 말하지 않았지? 박 실장은 어땠어?"

박 실장이 기다렸다는 듯 말했다.

"예. 저는 사람들을 함부로 판단하면 안 되겠다는 생각을 했습니다."

"호오~ 그래? 왜 그런가?"

"예. 제가 보는 그 사람의 모습은 그 사람의 일부분에 불과하다는 걸 알았기 때문입니다."

"그 사람의 일부분에 불과하다?"

"예. 제가 아무리 그 사람의 전체를 보려 해도 그건 제 안경을 통해 보는 것이기 때문에 저의 편견과 선입견이 작동되어 그 사람을 제대로 보지 못할 수 있다는 생각이 들었습니다."

최 본부장이 꾸벅꾸벅 졸고 있는 새롬 씨에게 물었다.

"새롬 씨, 지금 박 실장이 무슨 말을 하는지 알겠어?"

졸고 있던 새롬 씨가 화들짝 놀라며 말했다.

"아~ 예! 본부장님, 아까 칭찬 게임을 할 땐 재미있었는데, 지금은 지루해 죽겠어요. 무슨 말인지 하나도 못 알아듣겠어요. 단지 사람을 자기 마음대로 함부로 평가하지 마라. 언제나 자기가 옳다고 생각하지 마라. 자신의 생각을 의심하라. 뭐 이런 정도로 이해하고 있어요. 본부장님, 저 지금 졸지 않았죠? 헤헤헤~."

"그렇군. 새롬 씨도 잘 이해하고 있네. 근데 이거 게임이 너무 무거워졌지?"

최 본부장이 팀원들의 기분을 살폈다. 칭찬 게임을 하는 동안 차는 어느새 합천에 도착했다.

위기는 곧 기회다

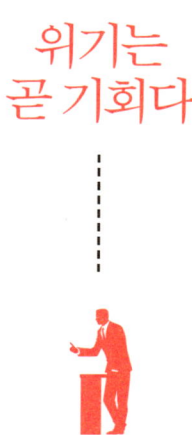

최 본부장이 팀원들을 음식점으로 안내했다.

"자, 오늘은 늦어서 등산하기 어려울 테니 식당에서 간단히 요기하고, 해인사에서 쉬기로 하세. 내가 해인사 홍제암에 연락을 해놓았네."

팀원들은 산채비빔밥으로 가볍게 요기하고 해인사로 향했다. 해인사 대웅전 앞마당에 도착하니 스님이 큰북을 치고 있었다.

둥둥둥~ 둥~ 둥~!

북소리가 장엄했다.

"본부장님, 스님이 북 치는 모습이 마치 무용을 하는 것 같기도 하고, 난타 공연을 하는 것 같기도 해요. 근데 북소리가 가슴에 스며드는 것 같아요."

새롬 씨가 말했다.

"허허~ 북소리가 가슴에 스며드는 것 같다고?"

최 본부장이 새롬 씨를 보며 기특해했다.

"예. 가슴이 시원해지는 것 같기도 하고, 가슴이 벅차오르는 것 같기도 해요."

최 본부장이 말했다.

"새롬 씨는 감정이 풍부하구먼. 해인사 북소리에 끌려 출가한 스님들이 많다고 들었는데 혹시 새롬 씨도 출가하는 거 아냐? 허허~."

그때 하태만이 불쑥 끼어들었다.

"본부장님, 지금 해가 어둑어둑 지고 있는데, 절에서는 왜 늦은 저녁에 북을 치나요?"

"그게 말이야, 저 큰북을 법고라고 하는데 법을 전하는 북이라는 뜻이지. 북은 짐승 가죽을 말려서 만드는데, 가축과 짐승들을 위로한다고 하네. 절에서 저녁 예불을 하기 전에 법고를 치는 건 가축과 짐승들이 하루를 잘 마감하고 편안히 쉬라는 뜻이 담겨 있다네."

"그럼 새롬 씨가 혹시 가축? 짐승? 하하하~."

김 대리가 신새롬을 놀려댔다. 팀원들은 스님이 법고를 현란하게 치는 모습을 넋 놓고 바라보았다. 북 치는 모습을 촬영하는 외국인도 있었다.

"자, 이제 그럼 숙소인 홍제암으로 갈까?"

최 본부장이 발걸음을 재촉했다. 팀원들은 홍제암에 짐을 풀었다. 각자 세면을 하고 잠시 휴식을 취했다. 홍제암을 한 바퀴 둘러

보고 온 최 본부장이 팀원들을 불렀다.

"자, 모두들 모여보게. 간단히 회의를 했으면 하네."

'뭐야? 여기까지 와서 회의라니?'

장수는 미간을 찡그렸다.

"여기까지 와서 회의를 하자고 하니까 짜증이 날 줄로 아네. 간단히 전달하고 싶은 게 있어서 그렇다네."

최 본부장의 얼굴이 상기되어 보였다.

"여러분도 알고 있듯이, 이번 신규 브랜드 론칭 예산은 5억이네. 이건 거의 음모에 가까운 거지."

"예? 음모라고요?"

김정열 대리가 소스라치듯 놀랐다.

최 본부장이 회사 상황을 간략히 설명했다.

'지금 우리 회사는 비상 상황이다. 이대로는 얼마나 더 버틸지 모른다. 우리 회사는 여성 브랜드만 보유한 까닭에 경기를 너무 심하게 탄다는 약점이 있다. 그래서 회사는 브랜드 다각화를 통해 활로를 뚫으려고 한다. 하지만 자금 사정이 좋지 않기 때문에 정상적인 방법으로 브랜드를 론칭할 여력이 없다. 회사는 최 본부장에게 특별 임무를 부여했다. 5억의 예산으로 캐주얼 브랜드를 론칭하라. 사람들은 이걸 음모라고 했다. 회사 자금 사정을 빌미로 최 본부장을 밀어내려 한다는 것이다.'

최 본부장이 말했다.

"그런데 나는 이걸 음모라고 생각하지 않네. 단지 중대한 위기라고 생각한다네. 그리고 위기가 반드시 나쁜 것만은 아니라네. 내가 지금까지 겪었던 큰 위기들은 오히려 더 큰 기회가 되곤 했으니까……."

최 본부장이 팀원들을 한 명씩 번갈아가며 둘러보았다.

"여러분에게 당부하고 싶네. 지금이 위기 상황인 건 분명하지만, 자신이 더 크게 성장할 수 있는 절호의 기회라 생각하고 각자의 능력을 마음껏 발휘해주길 부탁하네. 위기에 휘둘리면 힘들겠지만, 위기를 즐기면 그것도 해볼 만하다네. 그러니 모두들 이 위기를 즐겨주기 바라네."

팀원들은 의기소침하고 시무룩해 보였다. 그러나 장수의 가슴에는 의욕이 불타올랐다.

'위기를 즐기라고? 그래, 죽기 살기로 한번 해보자. 뭐, 죽기밖에 더하겠어?'

홍제암에서의 밤은 그렇게 지나갔다.

장수는 잠시 눈을 붙였는가 싶었는데 어디선가 아련히 목탁 소리가 들려왔다.

"자, 모두들 일어나지."

최 본부장이 나직한 목소리로 말했다.

"저 목탁 소리는 천지 만물을 깨우는 소리라네. 도량석이라고 하는데 처음엔 약하게 치다가 서서히 세게 치고, 또 세게 치다가 약하게 치기를 반복한다네. 작은 소리에서 큰 소리로, 큰 소리에서 작은 소리로 리듬을 주면서 목탁을 치는 건 숲에서 자고 있는 모든 생물이 놀라지 않고 천천히 깨어나게 하려는 거지."

'모든 생물이 놀라지 않게 잠을 깨운다……'

장수는 목탁을 치는 방법에서도 상대방을 배려하는 마음을 느꼈다.

팀원들은 절에서 제공하는 아침을 간단히 먹었다. 아침이라고 해야 채소 몇 가지밖에 없었다. 이걸 먹고 어떻게 등산할 수 있을지 걱정될 정도였다.

장수는 등산을 좋아했다. 몇 시간 동안 힘들게 산을 오르면 숨이 턱까지 차오른다. 땀을 흠뻑 흘리고 나면 뼛속까지 시원해진다. 몸은 새털처럼 가벼워지고 허공을 날아갈 것만 같다. 정상에서 바라보는 경치는 그야말로 세상을 다 가진 듯 뿌듯한 성취감을 느끼게 해준다. 그러나 장수는 혼자 산을 오르는 것은 좋아하지만 단체 등산은 별로 좋아하지 않는다. 혼자 빨리 가고 싶을 때 빨리 가고, 쉬고 싶을 때 푹 쉴 수 있는 자유로움이 없기 때문이다. 함께 등산을 하게 되면 다른 사람들과 보조를 맞추어야 한다. 왠지 자유를 빼앗기고 구속되는 느낌이 들어서 싫다. 그래서 장수는 가급적이면 혼자 등산을 즐겼다. 한때는 매주 도봉산 등산을 하면서 '도봉산 날다람쥐'라는 별명을 얻기도 했다.

마음을 비워야 비로소 들린다

백련암은 해인사 여러 암자 중에서 가장 높은 곳에 위치해 있었다. 홍제암에서 한 시간 정도 올라가면 있다고 했다. 10분쯤 올라갔을 때 장수도 장딴지가 뻐근하게 뭉쳐오는 걸 느꼈다. 모두들 아무 말도 하지 않고 묵묵히 걸었다. 모두 힘들어했다. 장수도 땀이 비 오듯 흘러내렸다. 불과 10여 분밖에 걷지 않았는데 숨이 턱까지 차오르고 머리가 어질거렸다. 장수는 당황했다.

'근데 이게 뭐지? 이 땀은 뭐고…… 머리는 왜 이렇게 어지러운 거야? 얼마 전까지만 해도 몇 시간 정도는 너끈했는데…… 그새 체력이 이렇게 많이 떨어졌나?'

장수는 더 이상 참기 힘들었다. 좀 쉬어가자고 말하려는 순간, 김정열이 먼저 소리쳤다.

"본부장님, 조금만 쉬었다 가시죠. 힘들어 죽겠습니다!"

최 본부장이 숨을 헐떡거리며 대답했다.

"김 대리, 조금만 참게! 처음에 숨이 턱까지 차오를 때 쉬지 않고 그걸 이겨내야 그다음부터 등산이 쉬워지는 법이라네. 나도 지금 무척 힘들지만 참고 있다네."

장수는 속이 메슥거리고 당장이라도 쓰러질 것처럼 다리가 휘청거렸지만, 최 본부장의 말에 이를 악물고 발걸음을 뗐다.

'그래, 죽기야 하겠어?'

그렇게 10여 분이 더 지나자 장수는 몸이 가벼워지는 걸 느꼈다. 매번 등산할 때마다 느끼는 거지만 신기하기 이를 데 없었다. 등산을 시작할 때는 처음 20분이 힘들다. 힘들어도 너무 힘들다. 하지만 그 고비만 넘기면 언제 그랬냐는 듯 고통이 사라진다. 장수는 등산하는 게 세상 이치와 많이 닮았다는 생각을 하곤 했다. 오늘도 그랬다. 마치 한계를 넘어서면 새로운 경지가 열린다고나 할까? 팀원들은 30분쯤 걷다가 한 번 쉬었다. 그리고 30여 분을 더 걸었다. 마침내 눈앞에 백련암이 아름다운 자태를 드러냈다.

"모두들 수고했네. 여기가 백련암일세."

최 본부장이 숨을 몰아쉬며 말했다.

백련암은 좌우에 기암괴석이 즐비하고 앞이 탁 트인 절경을 뽐내고 있었다. 백련암은 성철스님이 수도하고 입적한 인연으로 인해 더 유명한 곳이었다. 최 본부장의 스승인 무애스님이 백련암에 계신다고 했다.

"스님! 무애스님! 어디 계십니까? 최유연입니다."

최 본부장은 무애스님을 찾았다.

"어서 오시게, 최 거사."

무애스님은 최 본부장을 최 거사라고 불렀다. 최 본부장이 무애스님에게 삼배를 올렸다. 무애스님이 절하지 말라고 한사코 말렸지만 최 본부장은 막무가내였다. 엉겁결에 무애스님도 맞절로 최 본부장의 삼배에 답했다.

"그래, 어쩐 일로 이 누추한 곳까지 찾아오셨는가?"

무애스님이 찻잔을 따르면서 담담하게 물었다.

"어이쿠! 스님, 누추한 곳이라니요? 세상에서 제일 멋진 절경인데요. 여기서 살면 온갖 시름이 다 사라질 것 같습니다."

최 본부장이 답했다.

"온갖 시름이 다 사라진다?"

"예, 스님."

"그래, 거사님은 지금 어떤 시름을 가지고 있는가?"

무애스님은 최 본부장을 마치 어린아이 다루듯 했다. 자초지종은 이랬다.

무애스님은 최 본부장의 중학교 1학년 담임이었는데 최 본부장이 1학년을 마칠 때 학교를 그만두고 출가했다.

"예, 스님. 지금 막 신규 사업을 시작하는데 모든 여건이 좋지 않습니다. 저희들에게 지혜를 좀 가르쳐주십시오."

무애스님은 최 본부장의 말에는 대꾸도 하지 않고 아무 말 없이 차를 따랐다.

"차나 한잔하시게!"

그런데 이게 무슨 황당한 일인가? 무애스님은 찻잔이 넘쳐흐르는데도 아랑곳하지 않고 계속 차를 따르고 있었다. 거기에 최 본부장은 한술 더 떠 미동도 하지 않고 그 모습을 지켜보고 있었다.

이윽고 무애스님이 말했다.

"자네, 들을 마음의 자세가 되어 있구먼."

최 본부장이 두 손을 모으며 말했다.

"예, 그렇습니다. 워낙 절박한 상황이어서 마음을 비우고 왔습니다."

"그렇구먼. 모두 차나 한잔 드시게! 이 차는 '반야로(般若露)'라고 하는데 '지혜의 이슬'이라는 이름처럼 한 모금 마시면 몸과 마음이 상쾌해져서 금방 지혜가 샘솟는다네!"

무애스님은 어린애처럼 차 자랑을 한동안 늘어놓았다. 팀원들은 무애스님이 그토록 자랑하는 차가 어떤 맛일지 궁금해하며 '반야로'를 음미했다. 부드러우면서도 향기롭게 입안에 가득 전해오는 차 향기를 느끼며 장수는 생각했다.

'아, 이 느낌인가? 이게 바로 지혜의 이슬인가? 이게 바로 차를 마시면서 지혜를 음미한다는 건가?'

나중에 들은 이야기다. 무애스님이 찻잔이 넘치도록 차를 따른 것은 최 본부장에게 질문한 것이다.

'잔이 꽉 차 있는데 차를 따르면 이렇게 흘러넘친다. 너는 지금 네 생각으로 꽉 차 있으니 내 이야기가 진정으로 들리겠느냐?'

최 본부장이 미동도 하지 않은 것은 몸으로 대답한 것이다.

'저의 잔은 비었습니다. 차를 따라주십시오. 저는 들을 준비가

되어 있습니다. 조언을 부탁드립니다.'

팀원들은 한참 동안 차를 마시며 담소를 나누었다. 이윽고 무애스님이 얼굴에 환한 미소를 머금고 말했다.

"자네, 성철스님이 바로 여기 백련암에서 수도하시다가 입적하신 건 알고 있지?"

"예, 알고 있습니다."

"그럼 성철스님의 지혜를 빌려드리겠네."

무애스님은 찻잔을 두 손으로 들고 입에 갖다 대며 말했다.

"마음을 굶기게!"

한참 동안 침묵하고 있던 최 본부장이 입을 열었다.

"역시 그것이었군요!"

"그렇지! 그게 세상의 진리인데, 진리를 앞에 두고 왜 문밖에서 서성거리는가?"

최 본부장에게 전해 들은 무애스님의 말은 이랬다.

'다른 사람과 소통하기 위해서는 먼저 자신의 판단을 내려놓아야 한다. 장자는 이를 일러 심재(心齋)라고 했다. 마음을 목욕재계한다는 말인데, 무애스님은 '마음을 굶긴다'고 표현했다.

상대방의 이야기를 들을 때 자신의 생각으로 가득 차 있으면 상대방의 말이 제대로 들리지 않는다. 자신의 고정관념과 선입견을 가지고 들으면 상대방의 말이 왜곡되어 상대방의 진정한 의도를 알아차릴 수 없다. 잔에 물이 가득 차 있으면 더 이상 물을 따를 수 없는 것과 같은 이치다.

자신의 생각을 비우고 들어라. 자신의 판단을 내려놓고 들어라. 자신의 마음을 굶기고 들어라. 지레짐작으로 먼저 판단하지 말고, 일단 상대방의 이야기를 끝까지 들어라.

자신의 마음을 비우고 들어야 상대방의 마음을 온전히 들을 수 있다. 그래야 상대방을 있는 그대로 볼 수 있다. 있는 그대로 보고, 있는 그대로 알아차리는 것을 여실지견(如實知見)이라고 한다. 불교에서는 여실지견을 최고의 깨달은 경지라고 한다.'

장수는 머릿속으로 무애스님의 말을 정리해보았다.

'마음을 비우고 들어야 있는 그대로 알아차릴 수 있다. 마음을 비우고 들을 줄 아는 것이야말로 최고의 깨달은 경지다.'

그때 신새롬 씨가 불쑥 말했다.

"본부장님, 너무 어려워요."

"그래, 너무 어렵지?"

신새롬 씨의 말에 대답하고 나서 한참을 고민하던 최 본부장이 입을 열었다.

"한마디로 말하면, 지레짐작으로 먼저 판단하지 말고, 자신의 판단을 내려놓고 일단 상대방의 이야기를 끝까지 들어라. 뭐 이런 말이 아닐까?"

"그러니까 마음을 비우라는 말은, 상대방의 이야기를 들을 때 지레짐작하지 말고, 먼저 상대방의 이야기를 충분히 들으라는 말씀이네요."

신새롬이 말했다.

"그렇지. 미리 판단하지 않고 듣는 걸 마음을 굶긴다고 하는 거고……."

최 본부장은 새롬 씨에게 말하면서 팀원들을 번갈아가며 쳐다봤다.

장수는 최 본부장이 하는 말이 무엇인지 알 것 같았다.

'아~ 마음을 굶긴다는 말은 지레짐작으로 미리 판단하지 않는다는 뜻이구나!'

장수가 그동안 직장생활을 하면서 만난 상사들은 충분히 말할 수 있도록 기다려주지 않았다. 말을 좀 하려 하면 '그건 됐고', '그게 아니지' 하며 말을 잘랐다. 그럴 때면 장수는 기분이 상해서 입을 닫아버리곤 했다. 그런데 최 본부장은 끝까지 들어주는 스타일이었다. 최 본부장이 끝까지 들어줄 때면 '아, 이분이 나를 존중해 주는구나!' 하는 마음이 들어, 더 열심히 해야겠다는 생각을 하기도 했다.

그런데 거기서 더 나아가 불교에서는 '미리 판단하지 않고 끝까지 듣는 것'을 최고의 경지라고 한다. 장수는 그 말이 어렴풋이 이해되었다.

'그렇게 되면 뜻이 왜곡되지 않고 전달되어 서로 잘 이해할 수 있겠지. 또 서로 존중받는 느낌이 들기도 할 거고…….'

장수는 이게 바로 인간관계의 핵심이라는 생각이 들었다. 장수는 주먹을 불끈 쥐고 다짐했다.

'그래, 나도 한번 해보자. 내 판단을 내려놓고 마음을 비우자! 마음을 굶기자!'

장수는 이렇게 하면 왠지 자신이 멋진 상사가 될 것 같은 생각이 들어 수첩을 꺼내 최 본부장이 말한 내용을 적었다.

'언제나 내 생각이 옳다고 주장하지 말자. 나도 언제든 틀릴 수 있다. 지레짐작으로 판단하지 말고, 마음을 비우고 다른 사람의 이야기를 끝까지 듣자.'

자신이 틀렸음을
알아차리는 것이 깨달음이다

갑자기 장수가 무애스님에게 물었다.

"스님, 아까 깨달은 경지라고 하셨는데, 깨달음이란 무엇입니까?"

무애스님이 입가에 엷은 미소를 지으며 말했다.

"깨달음? 그거 별거 아니라오. 내가 바보 등신이구나! 내가 정말 못났구나! 내가 또 틀렸구나! 하고 알아차리는 걸 깨달음이라고 한다오. 내 생각이 틀렸다는 걸 알아차리는 사람을 일컬어 깨달은 사람이라고 한다오."

장수가 놀라서 물었다.

"아니, 스님! 자기 생각이 틀렸다는 걸 알아차리는 게 깨달음이라고요?"

무애스님이 말했다.

"자신의 생각을 항상 의심하고, 마음을 비우고 다른 사람의 말을 들을 줄 아는 이를 깨달은 사람이라고 하지요."

장수는 무애스님의 말이 이해가 될 듯 말 듯했다.

팀원들은 백련암에서 무애스님과 한참 동안 담소를 나누었다. 점심때가 되자 무애스님은 절에 온 기념으로 발우공양을 해보라고 권했다.

최 본부장이 말했다.

"그래, 우리가 언제 또 백련암에서 발우공양을 해볼 기회가 있겠나? 백련암에 온 기념으로 우리 모두 발우공양을 한번 해보는 게 어떻겠나?"

신새롬 씨가 궁금하다는 듯 물었다.

"본부장님, 발우공양이 뭐예요?"

최 본부장이 잠시 망설이다가 설명해주었다.

"응, 설명하자면 길어지니까, 현대식으로 줄여서 말하지. 절에선 밥 먹는 것을 공양이라고 하는데, 발우공양이란 자신의 그릇에 먹을 만큼만 덜어서 먹고, 음식 찌꺼기를 하나도 남기지 않는다. 설거지는 따로 하지 않고 자신이 먹은 그릇에 물을 부어서 헹구어 마신다. 이게 바로 설거지다. 뭐 이 정도로 말할 수 있을 거야."

팀원들은 음식을 하나도 남기면 안 된다는 말에 약간 긴장하는 듯했다. 모두들 조심스레 자신이 먹을 만큼만 덜었다. 그리고 음식 찌꺼기를 하나도 남기지 않았다. 모두 자신이 먹은 그릇에 물을 부어서 김치 조각으로 그릇을 헹구어 씻고 난 뒤에, 그 물을 마셨다. 장수는 구역질이 났다. 팀원들도 몹시 힘들어했다. 그런데 장수는 이상하다는 생각이 들었다.

'근데 이게 뭐지? 이건 조금 전에 내가 먹던 음식인데, 물과 함께 섞으니까 구역질이 나네! 아~ 바로 이런 걸 고정관념이라고 하는 건가? 그냥 물에 말아서 먹으면 아무렇지도 않은데, 이걸 설거지라고 생각하니까 구역질이 나는 거구나! 실제로는 물에 말아서 먹는 것과, 지금 김치로 헹군 물이 전혀 다를 바 없는데도 설거지물은 더럽다는 고정관념을 가지고 있기 때문에 구역질이 나는 거구나!'

장수는 고정관념이 얼마나 강력하고 무서운지를 새삼 느낄 수 있었다.

발우공양을 마친 장수는 힘들긴 했지만, 왠지 모를 쾌감을 느꼈다. 장수는 생각했다.

'발우공양은 음식을 먹은 뒤에 찌꺼기를 하나도 남기지 않는다. 그리고 그릇을 씻은 물까지 마신다. 정말 환경보호에 도움이 되는 식사 방법이다. 나도 앞으로는 음식물 찌꺼기를 하나도 남기지 말아야겠다.'

팀원들은 해인사 백련암에서 발우공양이라는 새로운 체험도 했고, '지혜의 이슬'이라는 귀한 차도 마셨다. 팀원들은 뿌듯한 마음으로 서울로 돌아왔다.

제4장

/

세련되게
전달하라

활용할 수 있는 자원을 최대한 활용하라

가야산을 다녀온 이후 팀원들의 관계는 한결 가까워졌다. 장수는 월요일 아침인데도 기분이 상쾌했다. 장수는 팀원들과 미팅을 시작했다.

"자, 이제 정식으로 팀 미팅을 시작하겠습니다."

장수가 말했다. 미팅 룸엔 최 본부장을 제외하고 모두 모였다.

"오늘 미팅 주제는 역할 분담입니다."

"먼저 우리 사업부 이름부터 정해야 되지 않나요?"

김정열 대리가 장수의 말허리를 잘랐다.

'아니, 사업부 이름이 뭐 그리 중요해? 지금 한시가 급한데 서로 역할 분담해서 발바닥에 땀나게 뛰어도 모자랄 판에……'

장수는 침을 꼴깍 삼켰다. 그리고 애써 짜증을 참고 말했다.

"예. 사업부 이름을 정하는 것도 중요하지만 지금 벌써 2월 말입니다. 아무리 늦어도 6월 초에는 여름 상품이 나와야 합니다. 시간이 너무 촉박합니다. 각자 역할부터 먼저 정하고 사업부 이름은 천천히 정하도록 하지요."

하태만 대리가 딴지를 걸었다.

"강 과장님, 여름 상품부터 출시하겠다는 겁니까? 그건 무리입니다. 이제 3개월밖에 안 남았는데 언제 디자인을 마치고, 또 생산은 언제 합니까?"

장수의 목소리가 커졌다.

"그러니까 빨리 역할 분담을 하자는 거 아닙니까? 시간이 없습니다. 사업부 이름은 브랜드 이름이 정해지면 그걸 그대로 쓰면 됩니다."

하 대리도 지지 않았다.

"아니, 내 말은 사업부 이름을 먼저 정하자는 게 아닙니다. 여름 상품 출시는 무리라는 겁니다. 졸속으로 하면 안 됩니다."

'뭐라고? 졸속이라고……'

장수는 화가 치밀어 오르는 것을 꾹 눌러 참았다.

"하 대리 말도 일리가 있습니다. 그러나 가을 상품을 출시하는 것보다 여름 상품을 먼저 출시하는 것이 생산 비용이 훨씬 적게 들어갑니다. 예산도 부족하니까 다소 무리가 있더라도 비용 절감 차원에서 여름 상품부터 출시하자는 겁니다."

하 대리도 자기주장을 굽히지 않았다.

"그래도 그건 무리입니다."

장수는 한 번 더 밀어붙였다.

"게다가 지금 회사 사정이 좋지 않습니다. 하루라도 빨리 자금을 회전시키는 게 중요합니다. 좀 더 크게 생각해주시기 바랍니다. 우리가 조금만 고생하면 비용도 줄일 수 있고, 회사 자금 사정도 좋아질 수 있습니다."

팀원들은 서로 자기 생각이 옳다고 주장했다. 해인사에서 최 본부장에게 들었던 교훈들은 말짱 도루묵이었다. 결국 미팅은 결론도 내지 못하고 끝났다. 첫 미팅부터 난항이었다.

장수는 미팅을 끝내고 사무실에 앉아 턱을 괴고 생각에 잠겼다.

'이걸 어떻게 밀고 나가지? 저 친구들도 장난이 아닌데. 벌써부터 이렇게 힘이 드니 어떡하지? 해는 지는데 갈 길은 멀고…… 이거 원 참!'

그때 박 실장의 전화가 걸려왔다. 사무실 앞 커피숍에 있는데 나올 수 있는지 물었다. 커피숍 안으로 들어가니 박 실장이 웃음을 머금고 반갑게 장수를 맞이했다.

"강 과장님, 어서 오세요. 무슨 차 드실래요?"

오늘따라 박 실장의 웃음이 더 환하게 느껴졌다.

"예. 저는 캐러멜 마키야토로 하겠습니다. 박 실장님은요?"

"저는 아메리카노로 하겠습니다."

주문한 커피가 나왔다. 박 실장이 커피를 입에 살짝 대더니 말했다.

"강 과장님, 오늘 속 많이 상하셨죠? 제가 보기에도 사람들이 과장님의 열정과 애사심을 잘 이해해주지 못하는 것 같았어요."

장수는 눈물이 핑 돌았다.

'그래, 열정과 애사심! 사람들은 내 진심을 몰라주었어. 근데 지금 박 실장은 내 마음을 알아주고 있구나.'

"아, 예…… 다 그렇지요. 뭐……."

장수가 쑥스럽게 대답했다.

"강 과장님, 조르지오를 고용하면 어떨까요?"

박 실장이 조심스럽게 말했다.

'아니, 이 사람이 지금 불난 집에 부채질을 하나? 안 그래도 비용 때문에 그 난리를 치는 걸 보고도 이런 말을 해?'

장수는 박 실장의 저의가 의심스러웠다.

"예. 저도 조르지오의 도움을 받았으면 좋겠는데 비용이 마음에 걸립니다."

"강 과장님, 지금 잘못하면 혼자 덤터기를 쓸지도 몰라요. 활용할 수 있는 건 모두 활용하는 게 좋지 않을까요?"

'혼자서 덤터기를 쓸지도 모른다?'

장수는 움찔했다. 박 실장이 눈치챘는지 계속 말을 이어갔다.

"조르지오는 수많은 브랜드를 성공시킨 사람입니다. 때문에 그만한 돈을 주고 쓰는 겁니다. 강 과장님의 능력과 열정은 조르지오에 비해 결코 뒤지지 않습니다. 그러나 경험만은 조르지오가 풍부합니다. 이참에 조르지오의 경험과 안목을 과장님 것으로 만들어보세요."

그 말에 장수는 흔들렸다.

'능력과 열정만으로는 안 된다, 경험과 안목이 필요하다……'

망설이고 있는 장수에게 박 실장이 쐐기를 박았다.

"조르지오를 고용해서 성공하면 그건 과장님의 성공입니다. 물론 실패해도 과장님의 실패가 되겠지만……."

장수가 중얼거렸다.

'성공해도 나의 성공이고, 실패해도 나의 실패라……'

장수가 말했다.

"박 실장님의 조언은 감사하게 받겠습니다. 좀 더 고민해보겠습니다."

장수는 사무실로 돌아와서 생각에 잠겼다.

'활용할 수 있는 자원은 최대한 활용하라. 조르지오는 수많은 브랜드를 성공시킨 경험이 있다. 그 경험을 자신의 것으로 만들어라. 조르지오를 활용해서 성공하면 그건 내 성공이 된다……'

장수는 한참을 고민하다가 마침내 결론을 내렸다.

'그래, 혼자 고민하지 말고 본부장님과 상의해보자.'

장수는 최 본부장을 찾아갔다.

최 본부장이 장수의 이야기를 다 듣고 난 뒤에 물었다.

"자네는 어떻게 하고 싶은가?"

장수는 조심스럽게 대답했다.

"예, 비용이 좀 부담되긴 하지만 도움은 많이 될 것 같습니다."

"그럼, 그렇게 하지!"

장수는 맥이 탁 풀렸다. 자신은 몇 주 동안 고민하고 또 고민했는데, 최 본부장은 단숨에 결정을 내렸다. 장수는 의아했다.

'이게 그렇게 간단한 결정인가? 본부장님은 무슨 이유로 이처럼 쉽게 결정을 내린 거지?'

조르지오를 채용하고 한참이 지난 후에 장수가 최 본부장에게 물었다.

"본부장님, 조르지오를 고용하는 문제 말입니다. 그때 본부장님은 어떻게 그리 쉽게 결정을 내리셨는지요?"

최 본부장이 웃으면서 말했다.

"자네는 그때 내가 쉽게 결정을 내린 걸로 보이나?"

장수는 당황하며 말했다.

"아니, 그런 뜻이 아니라 본부장님께선 제 이야기를 다 듣고 나선 제게 어떻게 하고 싶은지 물으셨고, 제가 조르지오를 고용하고 싶다니까, 선뜻 그러라고 하셨지 않습니까?"

"그건 말일세, 나는 자네가 그 문제에 대해 충분히 고민하고 있었다는 걸 이미 알고 있다네. 그리고 자네가 미련하게 혼자 끙끙대지 않고, 훌륭한 사람의 도움을 받겠다는데 내가 반대할 이유가 뭐 있었겠나?"

"예? 제가 미련하게 혼자 끙끙대지 않고 훌륭한 사람의 도움을 받으려 했다고요?"

최 본부장은 그때 장수를 보면서 안심했다고 했다.

"나는 그때 자네가 혼자 모든 걸 해결하려고 미련하게 끙끙대는 게 아니라, 활용할 수 있는 자원을 최대한 활용할 줄 아는 현명한 사람으로 느껴졌다네. 이래도 내가 쉽게 결정을 내린 것처럼 보이는가?"

장수는 최 본부장이 자신을 현명한 사람으로 생각했다는 말을 듣곤 기분이 몹시 좋았다.

당연하다는 생각을 경계하라

장수는 최 본부장의 승인을 얻어 조르지오를 채용했다. 며칠 후 조르지오가 팀에 합류했다. 조르지오는 질의서를 먼저 보내왔다. 자신이 합류하기 전에 자신의 질문에 대한 답을 준비해놓으라고 했다. 질문은 간단했다.

- 브랜드 포지셔닝은 어떻게 할 것인가?
- 브랜드 콘셉트는 무엇인가?
- 브랜드 사업의 목적이 무엇인가?
- 유통 전략은 무엇인가?
- 브랜드 스토리는 무엇인가?

조르지오의 질문은 전문가가 아니라도 패션을 조금만 아는 사람이라면 누구나 할 수 있는 평범한 것이었다. 장수는 조르지오의 수준에 내심 실망했다. 그러나 장수의 생각은 첫 미팅에서 여지없이 깨졌다.

"먼저 브랜드 사업의 목적에 대해 말씀해주시겠습니까?"

조르지오가 말했다.

장수로서는 너무 뻔해서 생각해보지도 않은 질문이었다.

'아니, 돈을 벌기 위해 사업을 하는 거지. 그건 너무 당연한 거 아냐?'

장수가 이런 생각을 하고 있을 때 김 대리가 장수의 속을 시원하게 해주었다.

"아니, 조르지오 씨! 그건 너무 당연한 것 아닙니까? 사업은 돈을 많이 벌려고 하는 거지요."

조르지오의 입가에 옅은 미소가 지나갔다.

"당연하다고요? 만약 우리가 돈을 많이 버는 것을 최상의 목적으로 한다고 대대적으로 광고한다면 소비자들이 어떻게 반응할까요?"

하 대리가 가세했다.

"아니, 모든 브랜드가 그런 것 아닌가요? 속으로는 이익을 추구하면서도 겉으로만 명분을 내세우는 거 아닙니까? 너무 당연한 얘기 같은데요."

조르지오가 말했다.

"여러분은 지금 당연하다는 말을 자꾸 하시는데, 그 당연하다는 생각을 깨부수지 않으면 결코 성공할 수 없습니다."

'뭐라고? 당연하다는 생각을 깨부수지 않으면 결코 성공할 수 없다고?'

장수는 조르지오의 말이 황당하게 들렸다.

"여러분은 당연하다고 생각할지 모르지만 그렇지 않은 사람들도 많이 있습니다."

조르지오가 힘을 주어 말했다.

"그럼 이익을 내는 것을 목적으로 하지 않는 사람들도 있다는 말인가요?"

장수가 물었다.

"그런 뜻이 아닙니다. 그들은 돈을 버는 게 최고의 목표가 아니라, 패션을 통해 삶 속에서 예술을 구현하는 걸 최상의 목표로 합니다. 물론 그 과정에서 이익을 추구하지요. 하지만 순서가 다릅니다. 이익을 많이 내는 게 최고의 목적이 아니라, 패션을 통해 예술을 구현하는 게 최고의 목적이라는 겁니다."

장수는 의구심이 들었다.

'그게 그거 아냐? 내가 보기엔 똑같은 거 같은데……'

그때 박 실장이 말했다.

"그럼 '우리는 패션을 통해 사람들에게 즐거움과 자유를 제공한다'고 하면 어떨까요?"

조르지오가 기다렸다는 듯이 말했다.

"바로 그겁니다! 이익을 뛰어넘어 보다 큰 가치를 추구하는 사람들에게 오히려 더 큰 이익이 돌아간다는 것이 경영의 패러독스입니다."

'경영의 패러독스라고?'

장수는 귀가 솔깃했다.

조르지오가 열변을 토했다.

"마음속으로 외쳐보세요! '우리는 최고의 이익을 얻기 위해 패션 사업을 한다!' 어떤 기분이 드나요? 열정이 생기나요? 헌신하고 싶은가요? 다른 사람들에게 자랑하고 싶나요?"

장수는 기분이 묘했다. 실제로 우리는 이익을 많이 내기 위해 브랜드 사업을 하는 게 맞지만…… 이걸 세상에 대놓고 외치자니 뭔가 마음이 꺼림칙했다.

조르지오가 말했다.

"상상해보세요! '우리는 패션을 통해 사람들에게 즐거움과 자유를 제공한다!' 어떤 기분이 드나요? 열정이 생기나요? 헌신하고 싶은가요? 다른 사람들에게 자랑하고 싶나요?"

장수는 몸이 스멀거렸다.

'이거 뭐지? 몸에서 열이 나네. 이런 거라면 얼마든지 자랑할 수 있고말고.'

그때 신새롬이 끼어들었다.

"TV에서 보니까 발전소를 건설하는 회사가 희망의 빛을 만들고, 생명의 물을 만들어, 지구의 가치를 높인다고 광고하던데 그런 걸 말하는 거로군요."

김 대리가 가세했다.

"그런 거라면 나도 많이 봤지. 자동차 브레이크를 만드는 회사가 사람의 생명을 지킨다고 말하는 것과 같은 거지요?"

하 대리도 거들었다.

"브랜드 목적에 숭고한 가치를 부여함으로써 우리 모두 자랑스럽게 일할 수 있고, 우리 제품을 사용하는 사람들도 자부심을 느끼도록 하는 게 중요하다는 말이네요."

조르지오가 흐뭇한 웃음을 지으며 말했다.

"환상의 팀이군요. 그러니까 우리가 제일 먼저 해야 할 일은 브랜드의 목적에 가치를 부여하는 것입니다. 가치 있는 목적은 우리에게 방향을 제시하고, 힘을 불어넣어줍니다. 목적이 가치 있는 것이라면 직원들의 열정과 헌신을 이끌어낼 수 있을 뿐만 아니라 소비자들의 공감도 얻을 수 있습니다."

조르지오는 가치 있는 목적의 중요성을 강조했다.

'브랜드의 목적에 숭고한 가치를 부여하라!'

장수는 속으로 중얼거렸다.

'세상에 공짜로 돈을 먹는 법은 없구나.'

조르지오의 말대로 장수는 브랜드의 목적을 정했다.

'패션을 통해 즐거움과 자유를 제공한다!'

조르지오는 첫 미팅에서 브랜드의 숭고한 목적을 이끌어냈다. 장수도 단순히 이익을 많이 내는 브랜드를 추구하기보다는 '패션을 통해 즐거움과 자유를 제공한다'는 생각으로 일하면 더 자랑스럽고 열정이 생길 것 같았다. 조르지오는 첫 미팅에서 장수에게 감동을 주었다. 장수는 조르지오와 함께 이태원에서 멋진 저녁 식사를 하고 긴 하루를 마감했다.

스토리를 만들어라

조르지오는 일주일에 3일만 출근하기로 했다. 장수는 조르지오가 없는 동안 좀 더 빨리 일을 진척시키고 싶었다. 장수는 팀원들과 미팅을 가졌다. 그러나 미팅은 이번에도 시작부터 난관에 봉착했다. 브랜드의 목적은 만들었지만 다음엔 뭘 해야 할지 아무도 몰랐던 것이다.

"강 과장, 이제 뭘 해야 하지?"

김 대리가 근심 어린 표정으로 물었다. 장수는 브랜드 론칭 시기를 먼저 결정해야 된다는 생각을 또 했다. 그때 장수의 생각을 낚아채듯 잽싸게 하 대리가 말했다.

"먼저 브랜드 포지셔닝부터 해야 하지 않을까?"

장수는 입이 근질거렸다.

'무슨 소리! 론칭 시기부터 정해야지!'

그러나 장수의 생각은 아랑곳없다는 듯 김 대리가 불쑥 말했다.
"브랜드 콘셉트부터 잡아야 하지 않을까?"
강 과장은 오늘은 자신이 참아야겠다고 생각했다.
'그래, 론칭 시기도 중요하지만 그에 못지않게 브랜드 포지셔닝과 콘셉트도 중요하지.'
잠자코 있던 박 실장이 말했다.
"제가 예전에 조르지오와 함께 일할 때 썼던 방법인데요, 한번 들어보실래요?"
"어떤 방법인데요?"
김 대리가 물었다.
"브랜드 스토리를 만드는 거예요."
"예? 브랜드 스토리라고요?"
팀원들이 동시에 소리쳤다. 팀원들은 박 실장의 말을 이해하지 못했다.

박 실장의 말은 이랬다.
'우리 브랜드의 주인공은 누구인가? 여자인가, 남자인가? 몇 살인가? 직업은? 키는 몇 센티미터인가? 몸무게는 얼마인가? 취미는 무엇인가? 아침에 일어나서 어떤 차를 마시는가? 하루 생활은 어떤가? 라이프스타일은 어떤가? ……이런 식으로 브랜드의 주인공을 먼저 정하라. 우리 주인공이 어떤 사람이고, 어떤 것을 좋아하는지 파악하라. 그러면 어떤 제품을 만들어야 될지 저절로 알 수 있게 된다.'

박 실장이 예를 들어 설명했다.

'우리 브랜드 주인공은 스물두 살의 대학생이다. 그녀는 키가 163센티미터이고 몸무게는 50킬로그램이다. 아버지는 외교관이고, 어머니는 교사다. 그녀는 아침에 일어나면 콜롬비아 슈프레모를 핸드드립해서 스트레이트 커피를 마신다. 그녀는 티셔츠에 청바지를 즐겨 입는다. 일주일에 영화를 꼭 한 편 이상 보는 영화 마니아다. 용돈을 모아 방학이면 한 달 이상 여행을 다닌다……'

이런 식으로 주인공을 설정해야 한다고 했다. 그러면 브랜드 콘셉트와 포지셔닝은 저절로 정해진다고 했다. 장수는 이런 방식은 처음 들었다. 장수가 하던 방식은 시장조사를 먼저 하는 것이었다. 어느 시장이 비어 있으니까 그 시장으로 들어가자. 우리나라에 어떤 브랜드가 있고 어떤 브랜드가 없으니 그 시장을 공략해야 한다. 뭐 이런 식이었다. 학교에서도 그렇게 배웠고 줄곧 그렇게 일해왔다. 그런데 지금 박 실장이 말하는 방식은 전혀 달랐다. 시장을 쫓아가는 것이 아니라 브랜드 주인공을 정해놓고 그에 따라 제품을 기획하는 방식이었다.

팀원들은 난상 토론 끝에 다음과 같은 결론을 끌어냈다.

- 브랜드의 목적: 패션을 통해 즐거움과 자유를 제공한다.
- 브랜드 이름: Enjoy & Freedom
- 사업부 이름: E&F 사업부
- 브랜드 주인공: 김민지

이제 팀원들이 해야 할 일은 '브랜드 주인공 김민지'에게 패션의 즐거움과 자유를 제공하는 것이다. 팀원들은 어떤 제품을 어떤 가격에 제공할지도 정했다.

박 실장이 말했다.

"오늘 이야기를 토대로 디자인실에서 콘셉트 보드를 만들겠습니다. 브랜드 포지셔닝과 콘셉트에 대해선 빠른 시일 내에 프레젠테이션을 하겠습니다."

난감하게 느껴졌던 브랜드 포지셔닝과 콘셉트를 잡는 것은 박 실장의 아이디어로 쉽게 해결되었다.

"강 과장님, 아직 포지셔닝과 콘셉트가 정해지진 않았지만, 일정이 촉박한 관계로 디자인실에서 멀티태스킹을 해볼까 합니다."

박 실장이 말했다.

"예? 멀티태스킹이라고요?"

강 과장이 되물었다.

"예. 일정이 촉박하기 때문에 원단을 미리 확보해놓을까 합니다. 그래서 오늘 대체적인 아이템과 스타일 수를 먼저 정했으면 합니다."

"그럼, 박 실장님 의견을 말해주시겠습니까?"

장수가 박 실장의 의견을 물었다.

박 실장은 마치 준비하고 있었다는 듯 한 치의 망설임도 없이 말했다.

"디자인 필수 아이템은 티셔츠, 블라우스, 니트, 카디건, 베스트, 볼레로, 점퍼, 코트, 원피스, 스커트, 팬츠, 액세서리 등입니다. 각 필수 아이템마다 20가지 정도의 스타일은 있어야 하고, 그러면 적어도 200스타일 이상 디자인해야 할 것 같습니다."

박 실장의 이야기를 듣고 있던 하 대리가 기겁하며 말했다.

"박 실장님, 스타일 수가 너무 많습니다. 제대로 된 디자인 구색을 갖추려는 디자인실 입장은 충분히 이해하지만 지금은 비상시국입니다. 예산이 턱없이 부족합니다. 박 실장님이 말한 대로 생산하려면 적어도 40억 정도 필요합니다."

박 실장도 지지 않았다.

"그래도 브랜드는 기본적으로 갖추어야 할 라인이 있습니다. 브랜드 이미지를 제대로 표현하려면 사실 200스타일도 부족합니다. 저도 자금 사정을 감안해서 최소한으로 말씀드린 겁니다."

김정열 대리가 불난 집에 부채질을 했다.

"아이템 수도 중요하고, 스타일 수도 중요한 건 맞습니다. 그러나 실제로 매장에서 판매가 원활히 이루어지려면 사이즈 스펙이 더 중요합니다. 적어도 다섯 사이즈는 있어야 합니다. 스타일 수를 조금 줄이고 사이즈를 더 다양하게 가져가야 할 것 같은데요."

하 대리가 펄쩍 뛰었다.

"아니, 200스타일에 다섯 사이즈를 만들려면 생산 라인을 1000개는 걸어야 하는데, 한 라인의 기본 물량을 200개로 잡았을 때, 기초 생산 물량이 20만 장 이상이 됩니다. 우리 예산으론 절대 불가능합니다. 스타일 수도 대폭 줄이고, 사이즈 스펙도 줄여야 합니다."

미팅은 혈전을 방불케 했다. 디자인 박 실장은 제대로 된 브랜드 모습을 갖추기 위해선 아이템과 스타일 수를 절대 줄일 수 없다고 했다. 영업 김 대리는 원활한 판매를 위해선 다양한 사이즈가 필수적이라고 주장했다. 생산 하 대리는 스타일별로 최소 생산 물량이 확보되지 않으면 생산을 제대로 할 수 없다고 주장했다. 장수는 난감했다. 어느 한 사람도 틀린 말을 하고 있지 않았다. 모두 맞는 말이었다. 팀원들의 감정이 격해졌다.

"아니, 왜 자꾸 자기 입장에서만 이야기합니까? 그만한 생산 자금이 없다니까요!"

"하 대리가 기초 생산 단위를 잘 조정해서 물량을 줄이면 되는 거 아닙니까?"

"생산이 그런 게 아니라니까요. 생산은 한번 가동하면 기본적으로 들어가는 물량이 있다니까요."

"그런 문제를 해결하라고 생산 책임자가 있는 거 아닙니까? 기본 물량을 다 지키면 아무나 생산할 수 있는 거 아닙니까? 그러면 생산 책임자가 왜 필요합니까?"

"뭐라고요?"

김 대리와 하 대리가 언성을 높였다. 회의는 합의점을 찾지 못한 채 감정의 골만 더 깊어지고 있었다. 미팅은 급기야 파국을 맞고 말았다.

세련되게 전달하라

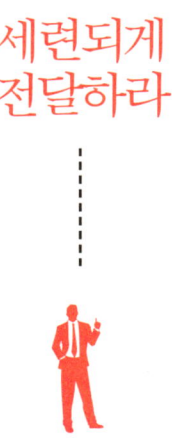

장수는 대리 시절에 최 본부장에게 혼났던 일이 생각났다. 그때를 떠올리면 지금도 얼굴이 붉어졌다.

'아~ 그때, 나는 이보다 더했었지. 내 주장을 끝까지 굽히질 않고, 죽기 아니면 까무러치기로 마치 전투를 치르듯 일했었지.'

그때 최 본부장이 말했었다.

"강 대리, 자네는 말야, 살자고 하는 일을 마치 죽자고 하는 것 같군!"

장수는 그 말에 충격을 받았다.

'이 무슨 날벼락 같은 소린가? 살자고 하는 일을 마치 죽자고 하는 것 같다니?'

사실 장수는 일에 매달리면 사람이 보이지 않았다. 오직 일만 보였다. 그래서 부하 직원들에게 모진 말을 많이 했다. 사람들은 장수에게 '맞는 말을 싸가지 없이 한다'고 했다.

그때 장수가 많이 쓰던 말이다.

'아니, 그건 됐고! 그게 아니지! 그것도 모르냐? 네가 책임질래? 쟤, 왜 저래? 네가 뭘 안다고 그래? 그냥 내가 시키는 대로 해! 이렇게밖에 못해? 너는 그래서 안 돼! 아직도 안 끝났어? 그래서 뭐하자는 건데?'

장수는 비록 일은 잘했지만 후배들에겐 기피 대상 1호였다. 최 본부장은 장수에게 충고했다.

"자넨 스스로 일을 잘한다고 생각할지 모르지만 자신도 모르게 적을 너무 많이 만들고 있네. 사실 자네는 매일 지는 게임을 하고 있어. 열 명의 아군보다 한 명의 적이 더 무섭다는 말을 자네는 모르는가?"

'내가 매일 지는 게임을 하고 있다고? 열 명의 아군보다 한 명의 적이 더 무섭다고?'

장수는 온몸에 소름이 돋았다.

"어떤 후배들이 자네와 일하고 싶어 하겠나? 이걸 빨리 극복하지 못하면 자네는 직장에서 실패하고 말 걸세!"

최 본부장이 얼굴을 찡그리며 말했다.

장수는 당황스러웠다.

"본부장님, 그럼 제가 어떤 점을 고쳐야 합니까?"

"고치는 게 아니라 생각을 달리해야 한다네."

"예? 생각을 달리해야 한다고요?"

"그렇지. 자네에게 있는 애사심이 다른 사람들에겐 없겠나? 자네의 생각이 옳다고 주장할 때 다른 사람들의 생각은 모두 틀린 건가?"

장수는 머리를 긁적이며 말했다.

"그런 게 아니라……."

최 본부장이 말했다.

"자네가 옳을 수도 있고 자네가 틀릴 수도 있어. 근데 자네는 자네 생각만 항상 옳다고 주장하는 경향이 있네. 물론 자네 생각이 옳을 때가 더 많다는 걸 나는 알고 있네. 하지만 말이야, 자네는 말을 함부로 하는 바람에 쪽박을 깨곤 한다네! 입술의 30초가 가슴에 30년이라는 말도 모르나?"

최 본부장은 장수가 말을 함부로 하는 것에 대해 질책했다.

"자네는 마치 명품을 선물할 때, 신문지에 싸서 얼굴에 던지는 것 같네!"

"예? 제가 명품을 신문지에 싸서 얼굴에 던진다고요?"

"그래, 그것도 젖은 신문지에 싸서 말일세."

장수는 기분이 몹시 나빴다.

'내가 그렇게 말을 함부로 하고 있었단 말인가? 나름대로 잘하려고 얼마나 노력했는데…….'

"강 대리, 자네 의도가 아무리 좋다 하더라도, 아니 아무리 좋은 명품이라 할지라도, 젖은 신문지에 싸서 얼굴에 던져준다면 누가 그 선물을 받으려 하겠나? 자네는 겉으론 이긴 것 같지만 실제로는 지는 게임을 하고 있는 걸세. 지혜로운 사람은 겉으로는 진 것처럼 보이지만 같지만 실제로는 이기는 게임을 한다네."

최 본부장은 마치 작심이라도 한 듯 속사포처럼 말을 뱉어냈다.
"강 대리, 무엇을 전하는가도 중요하지만 어떻게 전하는지가 더 중요하다는 걸 잊지 말게. 인간관계의 갈등이란 사람들이 자신의 욕구만 생각하기 때문에 생기는 걸세. 말을 하기 전에 상대방을 먼저 살피게. 자신의 생각은 일단 내려놓고, 상대방의 내면에 있는 욕구나 불안을 먼저 살펴보란 말일세. 그 사람이 무엇을 원하는지, 무엇을 불안해하고 있는지 먼저 살펴보란 말이네. 그러고 난 뒤에 말하게. 그럴 때 비로소 상대방을 적으로 만들지 않고, 더 열심히 일하고 싶은 마음이 생기게 할 수 있을 걸세. 이게 바로 명품을 선물할 때는 정성 들여 예쁘게 잘 포장해서 주는 것과 같은 이치라네."

최 본부장의 말이 장수의 가슴에 비수처럼 꽂혔다.

'말하기 전에 상대방의 욕구나 불안을 먼저 살펴라! 이게 바로 명품은 잘 포장해서 선물해야 하는 것과 같은 이치다!'

최 본부장은 이번 기회에 장수의 버릇을 고쳐주려고 작심한 듯했다.

"자네의 의도가 아무리 좋다 해도 그게 상대방에게 전해지지 않는다면 무슨 소용이 있겠나? 사람들은 자네와 대화를 하고 나면 기분이 나빠진다고 하네."

장수는 몹시 기분이 나빴다.

"예? 저와 대화를 하고 나면 기분이 나빠진다고요?"

"그렇다네. 이건 옳고 그름의 문제가 아니야. 자네와 대화를 하고 난 사람들이 기분이 나빠진다는 사실이 중요한 거지."

"예? 옳고 그른 게 중요한 것이 아니라, 상대방의 기분이 나빠진다는 게 중요하다고요?"

"그래. 자네가 아무리 옳다고 한들 무슨 소용이 있겠는가? 이미 상대방은 기분이 나빠서 자네의 적이 되고 말았는데…… 상대방과 서로 의견이 다를 때 자네의 목적은 언쟁에서 이기는 게 아니라 상대방의 마음을 움직이게 하는 것 아닌가?"

장수는 혼란스러웠다.

'그럼 어떻게 해야 된다는 거야?'

최 본부장이 말했다.

"강 대리, 대화란 내가 무엇을 말하는지도 중요하지만 상대방이 어떻게 받아들이는지가 더 중요하네. 대화할 땐 상대방의 기분을 나쁘게 하지 않으면서 세련되게 내 뜻을 전해야 한다네."

장수는 마치 화살을 맞은 것처럼 가슴이 아팠다.

'상대방의 기분을 나쁘게 하지 않으면서 세련되게 내 뜻을 전하라?'

사실 장수도 잘 알고 있었다. 성공한 사람들은 세련되게 말할 줄 안다. 상대방의 기분을 상하게 하지 않으면서 자신의 의견을 전달할 줄 아는 능력이 있다. 그들은 다투지 않으면서 자신의 생각을 전달한다.

장수는 생각했다.

'세련되게 말한다는 건 내 주장을 일방적으로 하기에 앞서 상대방의 기분이나 욕구를 먼저 살피는 거구나! 상대방의 기분을 상

하게 하지 않으면서 내 뜻을 전해야 오히려 내 생각이 잘 전달되겠구나!'

 상대방과 좋은 관계 속에 훌륭한 성과를 얻으려면 상대방과 대화할 때 항상 상대방의 욕구를 먼저 파악해야 한다고 최 본부장은 말했다.

상대방의 욕구를 먼저 파악하라

최 본부장이 알려준 건 이랬다.

'상대방과 대화할 때는 상대방이 무엇을 원하는지를 먼저 살펴라. 그리고 상대방이 무엇을 불안해하고 있는지도 함께 살펴라. 마지막으로 상대방이 지금 어떤 좋은 의도를 가지고 있는지를 살펴라. 이렇게 상대방의 욕구, 불안, 좋은 의도를 살피는 것이 상대방과 대화의 문으로 들어가는 지름길이다. 이 과정을 거친 뒤에야 비로소 상대방의 마음을 얻을 수 있고, 상대방의 도움을 받을 수 있다. 이렇게 하는 것이 매일 이기는 게임을 하는 것이고, 행복하게 좋은 성과를 낼 수 있는 방법이다.'

장수는 최 본부장에게 이런 말을 들으면서 너무 부끄러운 나머지 쥐구멍에라도 숨고 싶었다.

'아~ 나는 후배들의 열정을 이끌어내기는커녕 후배들의 행복

을 짓밟는 식인종(people eater)이 아닌가?'

장수는 며칠 동안 잠을 이루지 못했다. 반성하고 또 반성했다. 그리고 다시 태어나기로 결심했다. 그 후 장수는 말을 하기 전에 반드시 상대방의 불안이나 욕구를 먼저 살피려고 노력했다. 처음엔 아무 변화가 없었다. 그래도 장수는 포기하지 않았다. 사람들을 만날 때는 한시도 놓치지 않고 상대방의 욕구와 불안을 생각했다. 앉으나 서나, 자나 깨나 그것만 생각했다. 마치 닭이 알을 품듯이 하고, 고양이가 쥐를 잡을 때와 같이 하며, 굶주린 사람이 밥을 생각하듯 하며, 목마른 사람이 물을 생각하듯 하며, 아이가 엄마를 생각하듯 간절하게 했다.

이렇게 하루가 지나고 일주일이 지나고 또 한 달이 지났다. 시간이 지나면서 장수는 차츰 상대방의 마음을 알아차릴 수 있게 되었다. 후배들에게 가슴 아픈 말을 하는 횟수가 부쩍 줄어들었다. 6개월쯤 지났을 때 최 본부장이 장수를 불렀다.

"자네, 소문을 들으니 요즘 사람들과 관계가 아주 좋아졌더군. 이제 리더가 될 준비가 된 듯하구먼."

"예? 리더가 될 준비가 됐다고요?"

"그렇다네. 리더는 부하 직원들의 불안이 무엇인지, 그들이 무엇을 원하고 있는지, 그들의 긍정적인 의도가 무엇인지를 항상 알아차려야 한다네. 그런 다음에 그들의 욕구에 대해 공감해주는 거지. 공감이란 옳고 그름의 세계를 떠나 상대방의 생각을 존중해주는 건데, 자기 생각을 존중해주는데 누가 시비를 걸겠나? 그런 다음에 내가 원하는 걸 세련되게 전달하는 거지. 그럴 때 비로소 그들의 열정을 이끌어낼 수 있다네."

"부하 직원의 욕구와 불안을 알아차리고, 공감해주는 것이 리더의 요건이라는 말씀인가요?"

"그렇다네. 엄밀히 말하면 모든 인간관계의 기본이기도 하지. 좋은 관계를 맺는 비결은 상대방의 욕구에 귀 기울이는 거라네!"

장수는 이런 일이 있고 나서 얼마 후에 과장으로 승진했다. 오늘 같은 상황을 최 본부장은 마치 예견하고 있었던 것 같았다.

'아~ 리더는 저절로 되는 게 아니구나…… 미리미리 철저하게 준비해야 하는 거구나. 어휴!'

장수는 안도의 한숨을 내쉬었다.

장수는 최 본부장에게 배운 걸 써보기로 했다.

'지금 박 실장의 불안은 무엇이고, 어떤 좋은 의도를 가지고 있는가? 또 하 대리는 어떻고, 김 대리는 어떤가?'

장수는 최 본부장이 알려준 대로 그들의 불안, 욕구, 좋은 의도를 생각해보았다. 박 실장은 브랜드 이미지를 온전하게 잘 전달하고 싶은데 그게 무너질까 불안해하고 있었다. 반면에 하 대리는 생산 기본 물량을 맞추려면 생산비가 너무 많이 들 것을 불안해하고 있었다. 또 김 대리는 사이즈를 다양하게 확보하지 못하면 판매가 원활하지 못할까 봐 불안해하고 있었다.

장수는 숨을 깊이 들이마셨다. 지금 자신의 리더십이 시험대에 올라 있는 것 같았다.

장수가 박 실장에게 말했다.

"박 실장님은 브랜드 이미지를 온전하게 잘 유지하고 싶다는 말씀이시지요?"

"예, 그렇습니다. 강 과장님은 제 말을 잘 알아들으시네요."

"그런데 스타일 수가 부족해서 브랜드 이미지가 손상될까 봐 염려되는 거고요."

"예, 그렇지요. 브랜드엔 필수 아이템과 스타일이 있거든요."

"박 실장님 말씀은 브랜드의 성공을 위해선 200스타일이 꼭 필요하다는 말씀이지요?"

"아니, 반드시 200스타일이 필요하다는 건 아니고 필수 스타일은 꼭 있어야 한다는 겁니다. 스타일 수에 대해선 얼마나 최소화할 수 있는지 원단과 컬러를 고려해서 어느 정도 조정할 수 있을 것 같습니다."

"예, 박 실장님의 좋은 의도는 충분히 알겠습니다."

장수는 등에서 식은땀이 흘러내렸다. 이제 겨우 한고비를 넘겼다. 장수는 목이 마르고 입이 바짝 타들어갔다. 단숨에 물 한 컵을 벌컥벌컥 마셨다.

이번에는 하 대리에게 물었다.

"하 대리는 생산엔 기본 단위가 있어서 이걸 맞추다 보면 생산비용이 엄청 늘어날 게 염려된다는 말이지요?"

"그렇습니다. 내가 말하고 싶은 게 바로 그겁니다."

"그래서 스타일 수를 줄여야 된다는 말이고요."

"예, 그렇습니다."

"그러니까 하 대리 말은, 생산을 차질 없이 해야 우리 브랜드가 성공할 수 있다는 말이지요?"

하 대리는 장수가 몰라보게 달라졌다고 느꼈다. 불과 얼마 전까지만 해도 이런 일이 있으면 그냥 자기 뜻대로 밀어붙였을 텐데, 지금은 하 대리 자신의 생각을 헤아려주고 있었다.

'아~ 리더가 되면 이렇게 달라지는 건가?'

하 대리는 내심 감탄했다.

장수는 이제 제법 자신감이 생겼다. 하 대리를 이해시키고 나니 김 대리는 더 쉬울 것 같았다.

장수는 신이 나서 김 대리에게 말했다.

"김 대리는 사이즈가 부족하면 판매가 원활하게 되지 않을 걸 염려하는군요."

"그렇습니다. 아무리 디자인이 좋고, 생산을 잘한다 해도 사이즈가 깨지면 판매할 수 없는 거 아닙니까?"

"그러니까 다양한 사이즈가 필요하다는 건 우리 브랜드의 성공을 위한 거라는 말이지요?"

"그렇습니다. 저나 하 대리, 박 실장님, 우리 모두 브랜드의 성공을 바라는 마음은 똑같지 않겠습니까?"

"그렇군요. 우리 모두 똑같이 브랜드의 성공을 원하고 있다는 게 확인되었네요."

팀원들은 머쓱하게 서로의 얼굴을 쳐다보았다.

'브랜드의 성공을 바라는 마음은 모두 같다. 다만 각자의 역할

에 있어 입장이 다를 뿐이다.'

이게 장수가 이끌어낸 결론이다. 장수는 희열을 느꼈다. 감정까지 상해가면서 막무가내로 자기만 옳다고 하던 것에서 벗어나 서로 상대방의 좋은 의도를 확인했다.

장수가 말했다.

"오늘 우리는 서로가 무엇을 염려하고 있는지, 무엇을 원하고 있는지 확인했습니다. 우리 모두가 원하는 것은 브랜드를 성공적으로 론칭하는 것입니다. 그런데 각자가 생각하는 해결 방안이 서로 다릅니다. 우리는 오늘 해결 방안에 대해선 결론을 내지 못했습니다. 그래서 잠시 생각할 시간을 가지면 어떨까 합니다. 오늘은 이만 회의를 끝내고 다음번에 만날 때까지 각자 어떤 좋은 해결 방법이 있는지 고민해보기로 합시다."

장수는 미팅을 통해 느꼈다.

'나는 오늘 팀원들과 대화할 때, 먼저 그들의 욕구가 무엇인지 생각했다. 그들 모두 브랜드의 성공을 바라는 욕구가 있었다. 내가 이런 욕구를 알아주자 그들은 긍정적으로 변했다. 나에게 호의적으로 반응해주었다. 비록 해결 방안은 찾지 못했지만, 그들의 좋은 의도를 말해주는 순간 우리 사이에 소통이 일어났다. 아~ 이게 바로, 말하기 전에 먼저 상대방의 욕구를 파악하는 것이구나!'

장수는 문득 이상하다는 생각이 들었다.

'어! 근데 이게 뭐지? 여태까지는 상대방의 말을 잘 알아들었다고 생각했는데도 서로 속이 시원하지 않았는데, 지금은 왜 이렇게 기분이 좋지?'

장수는 어머니가 입버릇처럼 하던 말이 생각났다.

"장수야, 말하지 않으면 귀신도 모른단다. 너희 아빠는, 말하지 않아도 이심전심(以心傳心)으로 알아듣는다고 하는데, 그건 맞는 말이 아니란다. 말해주지 않는데 어떻게 알겠니?"

장수는 아버지와 어머니가 충분히 대화하지 않아 서로 오해하는 걸 많이 보았었다.

"장수야, 사람들은 보통 귀로 듣는다고 생각하는데, 여기서 오해가 생긴단다. 듣는다는 건 귀로 듣는 게 아니라 입으로 듣는 거란다."

장수는 어머니의 말이 궤변처럼 들렸다.

'어! 귀로 듣는 게 아니라 입으로 듣는 거라고?'

"장수야, 들을 땐 말이야, 당연히 알아들었다고 생각하지 말고, '아~ 이렇다는 말이네요', '이렇다는 말이지?' 하는 식으로 상대방의 말에 입으로 반응해줘야 상대방이 알아들었다고 생각하는 거란다. 이게 바로 마음과 마음이 통하는 대화 방식이란다."

장수는 고개를 갸우뚱거렸다.

'응? 입으로 반응을 해줘야 서로 마음이 통한다고?'

장수는 언젠가 칼럼에서 읽은 글이 생각났다.

'모든 길은 대화로 통한다. 대화란 마음이 서로 통하는 것이다. 그러나 대화는 원래 어렵다. 하지만 대화가 아무리 어렵다 해도, 대화가 없으면 인간관계 자체가 어렵다. 사람들은 대화를 통해 비로소 마음이 연결될 수 있다. 마음과 마음이 연결될 때 힐링이 일어난다. 서로 아픈 마음을 어루만져주고, 서로 기쁨을 함께 나누게 된다. 그래서 부부간에 대화를 얼마나 잘하는지가 그 부부의 행복의 척도가 된다. 더 나아가 대화를 얼마나 잘하는지는 그 사람의 사람됨의 척도다. 그리고 아이들에게 가장 좋은 교육은 부모의 대화다. 아이들은 부모의 대화를 들으면서 배운다.'

제5장

/

절대로
바쁘지 마라

리더,
일하지 마라

장수는 오랜만에 명동에 갔다. 명동의 모습이 예전과는 많이 달라져 있었다. 거리엔 일본인들과 중국인들이 많았다. 일본과 중국 관광객들을 위한 매장들이 즐비했다. 예전엔 명동에 오면 브랜드의 흐름을 한눈에 알 수 있었다. 브랜드마다 앞다투어 명동에 플래그 숍(Flag shop)을 열었다. 플래그 숍은 안테나 역할을 했다. 플래그 숍을 통해 소비자의 반응을 먼저 파악하기도 하고, 브랜드 이미지를 홍보하는 거점으로 활용하기도 했다. 그러나 지금은 명동이 왠지 썰렁하게 느껴졌다. 장수는 서둘러 명동을 한 바퀴 둘러보고 인근 백화점으로 발길을 옮겼다. L백화점 입구에서 박 실장을 만났다.

"어, 실장님. 여긴 어쩐 일이십니까?"

"예, 강 과장님. 안녕하세요? 저는 시장조사 나왔습니다."

"아, 그러셨군요? 뭐 좀 건지셨습니까?"

"아니요! 오늘은 물이 좋지 않네요. 허탕입니다, 호호호~."

박 실장은 자타가 공인하는 실력자다. 박 실장은 책상에 앉아서 디자인하지 않는다. 현장에 답이 있다고 생각해 주말마다 명동이나 압구정동, 홍대 앞, 강남역 인근을 찾는다. 사람들이 어떤 옷을 입고 있는지, 어떤 쇼핑백을 들고 다니는지 철저하게 동향을 살핀다. 그리고 일주일에 한 번꼴로 클럽에 간다. 춤을 좋아해서가 아니라 클럽에 오는 사람들이 어떤 옷을 입고 오는지 살피기 위해서다. 물론 이런 데이터는 인터넷으로도 확인할 수 있고 회사에도 기본적인 자료가 갖추어져 있다. 그러나 박 실장은 현장에서 직접 눈으로 확인하는 걸 중시한다. 이런 노력들이 쌓여 오늘의 박 실장이 있는 것이다. 하지만 박 실장도 예전부터 이랬던 건 아니다. 예전엔 너무 바빠서 시장조사를 다니고, 매장을 방문하는 건 꿈도 꾸지 못했다고 한다.

"강 과장님, 차 한잔하실래요?"

박 실장이 명동에서 만난 기념으로 차 한잔 같이하자고 했다.

"예. 좋지요. 실장님이라면 언제든 환영입니다."

장수는 반갑게 대답했다. 둘은 커피숍에 마주 앉아 대화를 나누었다.

박 실장이 물었다.

"근데, 강 과장님, 제가 조르지오와 처음 만났을 때 이야기를 알고 계세요?"

"아니, 잘 모르는데요. 왜 그러십니까?"

"제가 디자인실장이 되고 엄청 헤매고 있던 중에 조르지오를 만났답니다. 그때 조르지오가 저를 구해주었지요. 호호호~."

"아~ 그런 일이 있었습니까? 궁금한데요. 도대체 어떤 일이 있었습니까?"

박 실장이 조르지오와의 첫 만남에 대해 말해주었다.

박 실장은 약 6년 전에 조르지오를 처음 만났다. 그때만 해도 박 실장은 초보 디자인실장으로 의욕이 넘쳐 디자인실의 거의 모든 업무를 본인이 직접 처리했다. 시즌 테마를 정하는 것은 패션 브랜드에서 아주 중요하다. 시즌 테마를 정확히 잡아야 다음 업무가 원활하게 진행되기 때문이다. 당연히 박 실장은 시즌 테마를 직접 결정하고, 스토리보드를 만드는 일에도 일일이 관여했다.

스토리보드는 시즌 테마를 어떤 식으로, 어떻게 풀어갈 것인지 한눈에 알 수 있게 해준다. 디자인실 업무 중에서도 매우 중요한 일이다. 콘셉트와 테마를 보여주는 스토리보드를 만들고 나면, 아이템과 스타일 수를 결정한다. 그리고 그에 맞는 스케치를 한다. 그 과정에서 어떤 소재를 사용할 것인지, 어떤 부자재를 사용할지를 결정한다. 컬러웨이를 정하고, 패턴을 만들고, 작업 지시서를 작성하고, 사이즈 스펙을 결정한다. 박 실장은 이 모든 과정을 직접 진두지휘했다. 그 와중에 컬렉션에도 참가해야 하고, 품평회도 준비해야 한다. 한 시즌의 제품이 나오기까지 그야말로 전쟁 같은 과정을 거친다. 이 모든 과정을 직접 체크하다 보면 눈코 뜰 새 없이 바쁘다. 이런 박 실장을 보고 조르지오는 무척 놀란

듯 했다.

"박 실장님, 이 모든 걸 실장님이 직접 체크하세요?"

"예. 어느 것 하나 중요하지 않은 게 없잖아요. 제 손이 가지 않으면 언제 어디서 뭐가 펑크 날지 모릅니다. 비록 제가 힘들더라도 직접 챙기는 게 안전하고 마음이 편하답니다."

조르지오는 한숨을 내쉬었다.

"박 실장님, 그런 식으로 하면 절대 성공할 수 없습니다. 아니, 성공은커녕 몇 시즌도 못 채우고 탈진할 겁니다."

박 실장은 당연하다는 듯 말했다.

"그렇잖아도 우리나라에선 디자인실장들이 몇 시즌밖에 못해요. 아이디어가 고갈되고 체력도 소진되어 더 이상 버티지 못하는 거지요. 유럽에선 그렇지 않나요?"

조르지오는 머리를 가로저으며 말했다.

"아니, 유럽에선 할머니, 할아버지 디자인실장들도 많습니다. 제가 알기론 한국에도 롱런하는 디자이너들이 많은 걸로 알고 있는데, 그렇지 않은가요?"

박 실장의 얼굴에서 웃음기가 싹 가시며, 박 실장이 퉁명스럽게 대답했다.

"예. 간혹 있긴 하지만 그 사람들은 타고난 사람들이죠. 천부적인 소질을 타고난 사람들이니까 그렇답니다."

조르지오의 얼굴이 일그러졌다.

"박 실장님, 그건 변명으로 들리는데요. 실장님도 얼마든지 롱런할 수 있습니다. 단지 방법을 모르고 있을 따름이지요."

박 실장은 깜짝 놀라며 물었다.

"제가 롱런할 수 있다고요?"

"그렇습니다. 제 말대로 한다면 말입니다."

조르지오의 말은 이랬다.

'디자인실장은 직접 일하지 마라. 디자인실장이 바쁘면 전체 흐름을 놓치게 된다. 어떤 스케줄로 가고 있는지, 어떤 디테일 작업이 진행되고 있는지, 전체 흐름을 항상 파악하고 있어야 한다. 디자인의 특성상 스케줄을 놓치면 그 시즌 전체가 망가진다. 시즌보다 늦게 제품이 나오는 브랜드들이 간혹 있는데, 이는 모두 디자인실장이 스케줄 관리를 잘못했기 때문이다. 그렇게 되면 그 시즌 전체가 망가지고 만다. 또 디자인실장이 스케줄 맞추는 데만 급급하다 보면 브랜드 콘셉트가 제대로 유지되고 있는지, 시즌 테마대로 진행되고 있는지, 더 중요한 것들을 놓치게 된다.

디자인실장은 일에 매몰되지 않고, 마치 호랑이가 어슬렁거리며 먹잇감을 찾듯이 여유로우면서도 날카롭게 진행 상황 전체를 보고 있어야 한다. 디자인실장은 직접 일하지 마라. 대신 부하 직원들이 잘하게 하는 방법을 연구하라. 실장이 직접 스케치를 한 장 만드는 동안, 직원들에게 맡기면 열 장 이상 나올 수 있다. 그걸 보고 그들의 어떤 점을 보완해주고 키워줄 것인지를 고민하라. 부하 디자이너들의 성공이 모여 디자인실장의 성공이 된다.

실장이 직접 스케치하고, 원단을 결정하고, 패턴을 확인하는 것은 멍청한 짓이다. 실장은 직접 일하는 게 아니라 어떻게 하면 부하 디자이너들이 잘할지를 연구해야 한다. 성공한 디자인실장들은 모두 부하 디자이너들이 잘할 수 있도록 도와준 사람들이다.

지구를 혼자 짊어지려 하지 마라. 지구는 모든 인류가 함께 지고 가는 것이다. 모든 걸 혼자 다 하려 하지 마라. 다만 누구에게 어떤 일을 시켜야 잘할 수 있을지 디자인실 운영에 대해 고민하라. 그들에게 어떤 도움을 줌으로써 그들을 성공시킬 것인가를 고민하라. 그것이 곧 디자인실장의 성공 비결이다. 실장은 일하는 사람이 아니라, 어떻게 디자인실을 운영할 것인지 고민하는 사람이다. 디자인실장은 절대 일하지 마라!'

시스템을 연구하라

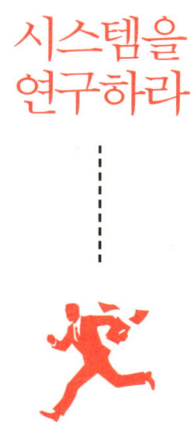

조르지오의 말을 듣고 있던 박 실장은 짜증이 났다.

'누군 그걸 몰라서 안 하는 줄 알아? 나도 내가 직접 하지 않고 직원들을 시키면 편하다는 것쯤은 잘 알고 있어! 그런데 우리 직원들은 아직 수준이 되지 않기 때문에 어쩔 수 없이 내가 직접 하는 거고…… 실패하면 안 되는 중요한 일이 대부분이고, 항상 시간에 쫓기기 때문에 어쩔 수 없이 직접 할 수밖에 없다고…….'

그러나 박 실장은 내심으론 씁쓸했다.

'진짜 그런가?'

박 실장은 디자인실을 맡고 나서 한 시즌도 바쁘지 않은 적이 없었다. 한 시즌을 겨우 마무리하고 나면 코앞에 다음 시즌이 기다리고 있었다. 휴가다운 휴가를 제대로 보내본 적이 없었다. 아이들이 잠에서 깨어나기도 전에 출근해서 아이들이 잠들고 나서야 퇴근하는 게 다반사였다. 디자인실 직원들은 박 실장이 몇 시에 출근하고 몇 시에 퇴근하는지 아무도 몰랐다. 제일 먼저 출근하고 제일 늦게 퇴근했기 때문이다. 직원들은 이런 박 실장을 미워했다. 박 실장은 '내가 왜 직장생활을 하나? 이렇게 사는 것이 맞나?' 하는 회의를 느낀 적이 한두 번이 아니었다. 너무 바쁘게 살다 보니 직장에서도 가정에서도 삶이 모두 망가지는 것 같았다. 그런데 조르지오는 디자인실장은 바쁘지 않아야 롱런할 수 있다고 말하는 것이었다.

'그거야말로 내가 간절히 원하던 게 아닌가? 근데 어떻게 바쁘지 않을 수 있지?'

박 실장은 조르지오에게 물었다.

"조르지오 씨, 제가 어떻게 하면 바쁘지 않을 수 있을까요?"

조르지오가 대답했다.

"그건 박 실장님이 저보다 더 잘 알고 있을 겁니다."

'이건 또 무슨 뚱딴지같은 소린가? 내가 더 잘 알고 있다니?'

어리둥절해하는 박 실장에게 조르지오는 수사관처럼 다그치듯이 물었다.

"박 실장님은 지금까지 바쁘지 않기 위해서 하루에 얼마나 많은 시간을 할애했습니까?"

'바쁘지 않기 위해 시간을 할애하다니? 이건 또 무슨 뚱딴지같은 소리야?'

조르지오는 비장한 어투로 말했다.

"박 실장님, 바쁘지 않기 위해서는 연구하고 또 연구하고, 고민하고 또 고민해야 합니다. 그래서 자신만의 바쁘지 않는 비결을 찾아내야 합니다. 그건 저절로 주어지는 게 아니라 피나는 노력 끝에 얻어지는 겁니다."

박 실장은 슬픔에 잠긴 표정으로 묵묵히 듣고 있었다.

조르지오가 마치 물에 빠진 사람을 구하는 심정으로 말했다.

"박 실장님, 리더는 무조건 일에 뛰어들지 말고 전체를 조망하면서 작업을 어떻게 진행할 것인지, 누구에게 맡겨야 할 것인지, 그리고 무엇을 도와줘야 할 것인지 등을 고민하고 또 고민해야 합니다. 리더가 그렇게 고민할 때 직원들은 성장하게 되고, 리더는 여유로움 속에서 조직을 통찰할 수 있습니다. 리더가 바쁘지 않으려고 노력할 때 비로소 지혜가 생깁니다. 죽도록 열심히 일해서 좋은 성과를 내겠다는 것은 바보짓입니다. 그보다는 열심히 하지 않고도 좋은 성과를 낼 수 있는 시스템을 만들어야 합니다."

박 실장은 깜짝 놀랐다. 자신은 지금 눈코 뜰 새 없이 바쁘게 일하고 있다. 그래서 그나마 성과를 내고 있다. 한데 조르지오는 지금 '죽도록 열심히 해서 좋은 성과를 내는 것은 바보짓이다. 열심히 일하지 않고도 좋은 성과를 낼 수 있어야 한다'고 말하고 있다.

박 실장은 버럭 짜증이 났다.

'아니, 누군 그렇게 하고 싶지 않아서 안 하나?'

조르지오는 박 실장의 얼굴에서 짜증이 묻어나는 걸 느꼈지만 아랑곳하지 않고 열변을 토했다.

"리더들이 착각하고 있는 게, 자신들이 바쁜 건 어쩔 수 없다고 생각합니다. 하지만 과연 그럴까요? 성과를 잘 내지 못하는 사람일수록 더 눈코 뜰 새 없이 바쁘고 항상 야근을 하지만, 그와 반대로 좋은 성과를 내는 사람은 항상 여유롭습니다. 어떤 차이가 있기에 그럴까요?"

박 실장은 조르지오의 말이 잘 이해되지 않았다.

'성과를 잘 내지 못하는 사람일수록 더 바쁘다고?'

조르지오가 계속해서 말했다.

"그건 효과적인 시스템을 확보하고 있는가의 차이입니다. 여유 있게 좋은 성과를 내는 사람들은 매일 생각합니다.

'오늘 일과 중에서 비효율적인 것은 무엇인가? 어떤 일을 버려야 하는가? 어떤 점을 개선해야 하는가? 어떤 일을 더 계속해야 하는가? 좀 더 효과적으로 일하기 위해서는 새롭게 무엇을 해야 하는가?'

이런 고민들이 지속될 때 그게 바로 시스템이 되는 겁니다. 그들은 매일 시간을 내어 효과적인 시스템에 대해 고민합니다. 이런 고민을 하는 게 리더의 가장 중요한 일이라고 생각합니다."

박 실장이 중얼거렸다.

'시스템을 연구하는 게 리더의 제일 중요한 일이다?'

조르지오의 말이 이어졌다.

"리더는 시스템에 대해 고민해야 합니다. 시스템이란 바쁘지 않으면서 지속적으로 성과를 잘 낼 수 있는 방법을 말합니다. 겨우 몇 끼니 배불리 먹고 난 뒤에는 평생 굶어 죽는 일이 생겨선 안 됩니다. 조직은 지속적으로 성장할 때 비로소 생존할 수 있습니다. 그러니까 시스템을 연구하는 일은 시간이 있으면 하고, 시간이 없으면 안 해도 되는 그런 시시한 것이 아닙니다. 아무리 시간이 없어도 성과를 내야 하듯이, 아무리 시간이 없어도 시스템을 연구해야 합니다.

매일 일정한 시간을 확보해서 고민해야 합니다. 그런데 멍청한 사람들은 이런 걸 일이라고 생각하지 않습니다. 정말 안타까운 노릇입니다. 리더에겐 고민하는 것이 가장 중요한 일입니다. 리더가 매일 시스템에 대해 고민하는 건 선택이 아니라, 생존의 필수 요건입니다."

"리더는 성과를 내는 것뿐만 아니라, 동시에 시스템을 연구해야 한다는 말씀인가요?"

박 실장이 물었다.

박 실장이 자신의 말에 반응하자 조르지오는 신이 나서 말을 이어갔다.

"그렇습니다. 평소에 시스템을 연구하지 않으면 가난한 집에 제사 돌아오듯 빈곤의 악순환에 허덕일 것입니다. 그럼 평생토록 허덕이며 소처럼 죽어라 일만 하게 될 것입니다."

박 실장은 조르지오의 말에 소름이 돋았다.

'시스템을 연구하지 않으면 평생토록 허덕이며 소처럼 죽어라 일만 하게 된다?'

박 실장은 간절한 심정으로 물었다.

"매일 실적에 쫓기고 긴급한 문제를 해결해야 하는 전쟁 같은 상황인데 어떻게 시스템을 연구할 여유가 있습니까?"

조르지오가 웃으며 대답했다.

"그러니까 고민해야지요. 고민할 때 비로소 방법이 생깁니다. 그래서 조직은 리더의 고민을 먹고 자란다고 하지 않습니까?"

조르지오의 이야기가 박 실장의 가슴을 때렸다.

'조직은 리더의 고민을 먹고 자란다!'

리더는
질문을 고민하는 사람이다

조르지오는 프로젝트를 끝내고 나면 직원들에게 세 가지 질문을 던진다고 했다.

첫째, 이번 일을 통해 배운 것은 무엇인가?(Key Learning)

둘째, 이번 일을 통해 무엇을 느꼈는가? 무엇을 깨달았는가?(Self Reflection)

셋째, 앞으로 어떤 점을 개선하고 싶은가? 어떤 것을 실천해보고 싶은가?(Action Plan)

조르지오는 이런 질문을 통해 부하 직원들의 생각을 자극한다고 했다. 부하 직원들은 조르지오의 질문을 통해 생각을 정리하고, 새로운 배움을 얻었다고 했다.

박 실장은 생각했다.

'아~ 리더가 질문만 잘해도 부하들은 성장할 수 있겠구나! 이런 식으로 부하 직원들의 생각을 자극할 수 있구나! 그러니까 어떤 질문을 할 것인지 고민하는 게 바로 리더의 역할이구나!'

조르지오가 말했다.
"리더는 질문하는 사람입니다. 자신에게도 질문하고, 부하 직원들에게도 질문해야 합니다. 리더가 어떤 질문을 하는가에 따라 부하 직원의 능력이 달라지고 조직의 성과가 달라집니다."
박 실장이 물었다.
"그럼 리더는 어떤 질문을 해야 합니까?"
조르지오가 한바탕 웃고 난 뒤에 말했다.
"바로 그겁니다. 리더는 어떤 질문을 할 것인지에 대해 고민해야 합니다.
'이 상황에서는 어떤 질문을 해야 하지?'
'어떤 질문을 하면 부하 직원들의 생각을 자극할 수 있지?'
'어떤 질문을 하면 부하 직원들의 의욕을 이끌어낼 수 있지?'
'어떤 질문을 하면 부하 직원들을 통제할 수 있지?'
'어떤 질문을 하면 부하 직원들을 설득할 수 있지?'
이런 식으로 어떤 질문을 해야 하는지 고민하는 게 리더의 역할입니다. 한마디로 말해서 리더는 질문을 고민하는 사람입니다."
박 실장은 조르지오의 말이 새삼스럽게 들렸다.
'리더는 질문을 고민하는 사람이다…… 이건 정말 생각해보지도 못했다. 나는 여태까지 나 자신이 모든 걸 직접 처리해서 잘하

려고 혼신의 노력을 다하지 않았던가?'

박 실장은 아무도 해결하지 못하는 걸 자신이 해결했다고 뿌듯해하며 존재 가치를 느끼곤 했다. 바쁜 와중에도 어떻게 그토록 좋은 성과를 낼 수 있느냐는 말을 칭찬으로 여기며 살아왔다. 바쁜 걸 내심 은근히 즐겼다. 솔직히 말하면 남들에게 열심히 일하는 사람으로 비치길 바랐다.

박 실장은 갑자기 얼굴이 화끈거렸다. 자신은 지금까지 부하 직원들과 경쟁하고 있었다. 부하 직원들을 도와주기는커녕 자신이 더 잘하려고 노력했다. 자신은 바빠서 눈코 뜰 새 없을 때도 그냥 놀고 있는 직원들이 많았다. 박 실장은 직원들을 육성하기는커녕 직원들에게 일거리를 주거나 조언해줄 시간조차 없었다. 이런 디자인실을 보고 사람들은 비아냥거렸다.

'팀원은 놀고~ 팀장은 바쁘고!'

박 실장은 여태까지 코앞의 바쁜 일들을 처리하는 데 허덕이느라, 시스템을 연구하고 어떤 질문을 던져야 하는지는 생각도 해본 적이 없었다.

'그래, 한번 해보자! 밑져봐야 본전이고 잘되면 대박이잖아.'

박 실장은 수첩을 꺼내 표지 안쪽에 크게 썼다.

리더가 일하는 법

- 리더는 직접 일하려 하지 마라. 부하 직원들이 잘하게 하는 방법을 연구하라.

- 뼈 빠지게 열심히 해서 잘하는 것은 멍청한 짓이다. 시스템을 연구하라.
- 질문을 통해 부하 직원들의 생각을 자극하라.

박 실장은 아침에 출근하면 수첩부터 읽었다. 리더가 일하는 법에 대해 연구하고 또 연구했다. 고민하고 또 고민했다. 매일 '리더가 일하는 법'에 대한 고민으로 일관했다. 근데 신기하게도 이 고민은 괴롭지가 않았다. 좀더 정확히 말하면, 이 고민은 하면 할수록 지혜가 샘솟는 것 같았다. 박 실장은 차츰 여유가 생겼다. 그렇게 6개월이 지났다. 디자인실은 생기가 넘쳤다. 직원들은 스스로 찾아서 일하게 되었고, 모르는 것이 있거나 도움받을 일이 있으면 서슴없이 박 실장을 찾았다. 박 실장은 언제나 직원들을 도와주었다. 디자인 품평회 시간도 여유 있게 맞추었다. 모든 게 꿈만 같았다.

어느덧 박 실장은 즐기면서 일할 수 있게 되었다. 대학생 시절에 그리던 디자이너의 꿈이 제대로 이루어진 것 같았다. 이젠 출퇴근 시간도 칼이다. 아이들과 함께 보내는 시간도 많아졌다. 주말과 휴일에도 가족들과 시간을 보낼 수 있게 되었다. 이렇게 생활하다 보니 어느새 박 실장은 자타가 공인하는 실력자가 되어 있었다. 박 실장은 이런 생활을 벌써 5년째 즐기고 있다.

"아~ 그런 일이 있었군요. 조르지오라는 사람도 대단하지만, 그걸 실천하신 박 실장님도 정말 대단하시네요."

장수가 부럽다는 듯이 말했다.

"제가 뭘요, 호호호~."

박 실장이 수줍은 웃음을 지었다.

"오늘 실장님께 들은 이야기를 저도 꼭 실천해보겠습니다. 지금 저에게 꼭 필요한 이야기를 해주셔서 정말 감사합니다."

장수는 진심으로 고마워했다. 두 사람은 한참 동안 수다를 떨다가 헤어졌다.

특단의 조치를 취하라

어느새 주말이 되었다. 장수가 총괄 MD를 맡은 지도 벌써 3주가 지났지만 아직 모든 게 지지부진했다. 그런데 조르지오가 춘천에 가고 싶다고 했다. 장수는 용산역에서 조르지오를 만났다. 두 사람은 청춘 ITX 열차를 타고 춘천으로 향했다.

"2층짜리 열차가 있네요."

조르지오가 신기해했다.

"그러네요. 저도 오늘 처음 타봅니다."

장수가 맞장구를 쳤다.

열차가 얼마나 빨리 달리는지 마치 풍경이 차창을 향해 달려드는 것 같았다. 창밖을 한참 동안 바라보고 있던 조르지오가 입을 열었다.

"강 과장님, 지금 우린 매우 중요한 결정을 내려야 합니다."

"예? 중요한 결정이라니요?"

장수가 물었다.

"우리는 지금 중대한 기로에 있습니다. 신규 브랜드 론칭 예산이 5억밖에 되지 않는다고 들었습니다. 통상적인 방법으론 불가능한 금액이죠. 그래서 말인데, 특단의 조치를 취해야 합니다."

조르지오가 입술을 깨물며 비장하게 말했다.

"예? 특단의 조치라니요?"

장수가 허리를 바짝 일으켜 세우며 물었다.

조르지오의 말은 이랬다.

'보통 브랜드를 론칭하면 초기 매장을 10~20개 정도 오픈한다. 그리고 매장에서 원활한 매출을 일으키려면 예상 매출액의 세 배 정도 물량을 보유하고 있어야 한다. 월 예상 매출액을 2억으로 잡아도 매장당 필요한 물량이 소비자가격으로 6억이다. 이를 제조원가로 환산하면 1억 정도 된다. 따라서 초기 매장을 열 개로 잡더라도 최소한 월 10억의 제조원가가 투입되어야 한다. 우리 예산으론 어림없는 일이다. 이제는 생각을 바꾸어야 한다. 처음엔 매장을 한 개만 오픈하자. 그렇게 해야 예산 범위 내에서 생산 물량을 공급할 수 있다.'

장수는 깜짝 놀라서 소리쳤다.

"아니, 초기 매장을 한 개만 오픈한다고요? 그건 말도 안 됩니다. 그럼 그게 부티크지 어디 브랜드라고 할 수 있습니까?"

"그래서 제가 오늘 과장님을 만나자고 한 겁니다. 과장님이 확신을 갖지 못하면 다른 사람들을 이끌어갈 수 없을 테니까요."

조르지오는 장수의 이런 반응을 예상하고 있었다는 듯 차분하게 말했다.

"제가 스타벅스에서 답을 찾아보라고 했지요? 그게 바로 이겁니다."

"예? 스타벅스에서 답을 찾으라고요?"

"그렇습니다. 스타벅스도 처음 시작할 땐 매장이 한 개에 불과했습니다. 그러나 스타벅스는 BI(Brand Identity)를 철저히 유지했습니다. 자신들이 보여주고 싶은 것을 매장 하나에서 모두 구현했습니다. 스타벅스는 초기 매장 한 개를 훌륭하게 성공시켰습니다. 매장의 성공을 본 유통업자들이 스타벅스 사업에 동참하려고 구름처럼 몰려들었습니다. 브랜드 비즈니스는 이렇게 하는 겁니다. 하나의 매장에서 성공하면 다른 매장은 벽돌을 찍어내듯 똑같이 진행할 수 있습니다."

조르지오는 첫 만남에서부터 스타벅스를 연구해보라고 했었다. 조르지오는 마치 이런 상황이 올 것을 예견하고 있었던 것처럼 스타벅스의 예를 들어가며 장수를 설득했다.

'하나의 매장에서 성공하면 다른 매장은 벽돌을 찍어내듯 하면 된다?'

"그렇습니다. 이게 바로 브랜드 비즈니스의 매력이지요."

'브랜드 비즈니스의 매력이라……'

"강 과장님, 힘을 여러 곳으로 분산하지 말고 매장 하나에 모든 힘을 쏟아부읍시다. 매장 한 개를 성공시키면 다음 시즌에 유통업자들이 앞다투어 몰려들 것입니다. 이게 브랜드 비즈니스의 원리입니다. 브랜드는 하나의 매장이 성공하면 다음 시즌에 매장을 100개라도 더 오픈할 수 있지만, 부티크는 그렇게 할 수 없다는 것이 다른 점입니다. 브랜드 매장 한 개는 단순히 하나의 매장이 아니라 엄청난 폭발력을 가지고 있습니다. 스타벅스가 그걸 보여주고 있지 않습니까?"

장수는 생각에 잠겼다.

'그래, 조르지오의 말이 맞아…… 브랜드는 폭발력을 가지고 있어. 전 세계 어딜 가도 브랜드는 똑같은 BI를 갖추고 있다. 그래서 하나의 매장만 성공하면 다른 매장은 똑같이 하면 된다.'

장수는 조르지오의 말에서 실낱같은 희망을 보았다. 만약 그렇게 할 수만 있다면 스타일 수에 따른 물량 문제, 예산 문제 등을 한 방에 해결할 수 있을 것 같았다.

"그럼 제가 해야 할 일은 뭔가요?"

장수가 물었다.

"예. 팀원들에게 방향을 제시하고 그들의 헌신을 이끌어내는 것입니다."

'방향을 제시하고 헌신을 이끌어낸다……'

"비록 처음엔 매장을 한 개만 오픈하지만, 그 매장이 성공하면 다음 시즌엔 유통업자들이 저절로 모여든다는 것에 대한 확신을 심어주고, 팀원들의 힘을 한곳으로 모으는 것이 제 역할이라는 말씀인가요?"

장수는 마치 초등학생처럼 조르지오의 말을 따라 했다.

조르지오가 웃으며 말했다.

"과장님은 역시 머리가 빠르시네요. 하하하~."

두 사람이 열띤 이야기를 나누는 동안 열차는 어느새 춘천에 도착했다. 두 사람은 열차에서 내려 명동으로 갔다. 춘천 명동은 마치 음식 박람회를 하는 것처럼 온갖 음식점들이 즐비했다. 마침 닭갈비 축제가 열리고 있었다. 두 사람은 매운 닭갈비에 춘천막국수를 곁들여 먹었다. 조르지오는 매운맛을 좋아했다. 두 사람은 의암호 유람선을 타고 청평사를 구경한 뒤 서울로 돌아왔다.

풀리지 않으면 생각을 뒤집어라

월요일 아침, 모두 미팅 룸에 모였을 때 장수가 먼저 자신의 생각을 밝혔다.

"브랜드 론칭 시기를 여름 상품부터 하자고 했던 저의 주장은 다소 무리가 있는 것 같습니다. 빨리하는 것보다 제대로 하는 게 더 중요하다고 생각합니다. 여러분의 말씀대로 론칭 시기를 가을 상품부터 하려고 합니다. 여러분의 생각은 어떻습니까?"

김 대리가 환하게 웃으며 말했다.

"강 과장님, 요즘 너무 멋져요!"

하 대리도 안도의 한숨을 내쉬었다.

"저는 과장님이 독불장군처럼 밀어붙이는 것 같아서 불안했는데 그렇게 말해주니 다행입니다."

"뭐라고요? 독불장군이라고요? 하하하……."

장수가 놀라는 체하면서 크게 웃었다.

박 실장도 가세했다.

"그래요. 사실 여름 상품 출시는 무리였어요."

잠시 뜸을 들이다가 장수가 말했다.

"그럼 론칭 시기는 그렇게 정리하겠습니다. 그럼 이제 생산 물량에 대해 말씀드리겠습니다."

장수는 분위기를 주도해나갔다.

"야아~ 비장하네! 꼭 출사표를 던지는 거 같아~."

김 대리가 너스레를 떨었다.

"우리는 지금 두 가지 어려움에 봉착해 있습니다. 첫 번째는 조금 전에 말씀드린 론칭 시기이고, 두 번째는 자금입니다. 자금 부족 문제를 해결하기 위해 저는 특단의 방법을 택하려고 합니다."

장수가 말했다.

"특단의 방법이라고요?"

김 대리가 놀란 표정으로 물었다.

"그렇습니다. 일이 풀리지 않을 땐 생각을 뒤집어야 합니다. 정상적인 방법으로 하면 초기 매장을 열 개 내지 스무 개는 가져가야 합니다. 많은 브랜드들이 이 방법을 택하고 있습니다. 이는 기본 생산 물량을 맞추기 위한 것입니다. 하지만 저는 거꾸로 뒤집어서 생각해볼 것을 제안합니다. 만약 생산 문제를 생각하지 않는다면 매장 하나에 총력을 집중하는 게 더 효과적일 것입니다. 생산 비용도 훨씬 절감될 거고 매장을 확보하는 노력도 줄어들 것입니다. 그래서 첫 시즌에는 매장을 하나만 오픈했으면 합니다."

장수의 말은 마치 벌집을 쑤셔놓은 듯했다.

"뭐라고요? 말도 안 됩니다. 지금 부티크를 하자는 겁니까?"

김 대리가 소리쳤다.

"매장 하나로 어떻게 매출 목표를 달성합니까? 생산 자금이 그대로 묶여버릴 겁니다. 자금 흐름에도 치명적이고요."

하 대리가 말했다.

"여러분의 말이 모두 맞습니다. 그래서 특단의 방법이라는 겁니다. 이 방법은 저 혼자의 힘으론 해결할 수 없습니다. 여러분의 전폭적인 지지가 필요합니다."

장수는 잠시 말을 멈추고 팀원들의 반응을 기다렸다.

박 실장이 장수를 거들었다.

"강 과장님, 자신 있게 말씀하시는 걸 보니 좋은 방법을 알고 있는 것 같은데 좀 더 자세히 설명해주세요."

장수의 설명은 이랬다.

'이 방법은 두 단계로 나뉜다. 2단계 론칭 전략이다.

첫 단계에서는 매출 욕심을 부리지 않는다. 브랜드 모습을 보여주는 것으로 그친다. 그래서 첫 시즌엔 매장을 펼치지 않고 한 개만 오픈한다. 대신 매장 하나에 모든 힘을 집중한다. BI를 철저히 유지하여 소비자에게 어필하고, 단위 매장 매출을 극대화하여 유통업자들의 호응을 이끌어낸다. 생산 자금의 조기 회수는 목표로 하지 않는다. 매장 매출이 월 3억 이상만 되면 다음 시즌에 유통업자들이 저절로 몰려들게 된다.

두 번째 단계는 확장 전략이다. 두 번째 시즌에는 60개 매장 오픈을 목표로 한다. 매장당 보증금을 1억씩만 받아도 60억의 자금을 확보할 수 있다. 첫 시즌에는 매장 보증금을 받기 어렵지만, 우리가 목표하는 대로 브랜드 호감도를 높이고 매장 효율을 극대화하면 어렵지 않게 매장 보증금을 받을 수 있다. 그 외에도 인테리어 비용, 생산 비용 등에서 원가절감 효과를 얻을 수 있다.'

장수의 설명을 묵묵히 듣고 있던 하 대리가 말했다.
"2단계 론칭 전략! 좋은 아이디어입니다. 그런데 다른 브랜드들도 그렇게 하고 싶지만 실제로 그렇게 못하는 건 현실적인 생산 여건 때문에 그런 거 아닙니까? 한 매장에 200스타일을 깔고 20만 장의 물량을 쏟아붓는다는 건 비상식적인 일입니다."

장수는 담담하게 듣고 있었다.

"예. 하 대리의 말이 맞습니다. 바로 그 '비상식'에서 길을 찾아야 합니다. 생산업체와 유통업자들에게 2단계 론칭 전략을 적극적으로 홍보하는 겁니다. 그래서 그들의 호응을 이끌어내는 것이 우리의 전략입니다."

김 대리가 관심을 보였다.

"그들의 호응을 이끌어내는 것이 전략이라고요?"

"예. 무엇보다 먼저 우리가 2단계 론칭 전략의 의미와 방향을 정확히 인식해야 할 것입니다."

장수의 말을 알아들었다는 듯 박 실장이 고개를 끄덕이며 거들어주었다.

"강 과장님, 좋은 전략인 것 같습니다. 디자인실에서 앞장서겠습니다. 디자인 스타일 수를 50개로 줄이겠습니다. 대신 컬러를 조금 더 벌리고 사이즈를 다양하게 전개하겠습니다. 매장 크기 66제곱미터(약 20평)에 맞추어 BI를 구현하면서 동시에 매출도 확보할 수 있도록 하겠습니다."

하 대리가 깜짝 놀라며 물었다.

"박 실장님, 그렇게 해서 브랜드 콘셉트를 제대로 표현할 수 있을까요?"

박 실장이 대답했다.

"예. 물론 쉬운 일은 아닐 겁니다. 그러나 2단계 론칭 전략은 가능성이 있습니다. 저는 성공을 예감합니다. 디자인실도 이 성공에 기여하고 싶습니다. 강 과장님이 말한 대로 생각을 뒤집어서 첫 시즌은 브랜드 론칭이 아니라 품평회를 준비하는 마음으로 해보겠습니다."

"예? 품평회를 준비하는 마음이라고요? 그거 좋은 아이디어인데요. 생산업체들도 품평회 샘플을 준비한다고 하면 소량도 생산해주는 게 관례입니다. 저도 품평회를 준비하는 마음으로 생산하면 되겠네요. 와~ 이거 대박이네요! 이게 바로 생각을 뒤집는 거로군요."

하 대리가 맞장구를 쳤다.

이에 질세라 김 대리도 아이디어를 내놓았다.

"그럼 저는 아예 두 번째 시즌을 론칭 시기라 생각하고 충분한 시간을 가지고 유통 전략을 전개하겠습니다. 아무것도 없는 상태에서도 매장을 수십 개씩 오픈했는데, 한 시즌을 성공한 뒤에 매장을 오픈하는 건 그야말로 식은 죽 먹기지요. 뭐!"

장수도 처음엔 조르지오의 말이 황당했었다. 그런데 생각을 뒤집으니 새로운 길이 보였다. 지금 팀원들도 마찬가지였다. 2단계 론칭 전략이라는 관점에서 보자 새로운 아이디어가 샘솟았다. 처음엔 말도 안 된다고 했는데 지금은 모두들 자신만만했다.

장수는 생각했다.

'매장을 하나만 오픈한다는 건 분명 비상식적인 일이다. 그런데 여기서 해결책이 나왔다. 그리고 생산 기본 물량을 맞춰야 생산이 가능하다는 건 지극히 상식적인 일이다. 그러나 정규 오픈이 아니라 품평회 물량을 생산한다고 생각하니 기본 물량을 맞추지 않고도 생산할 수 있었다. 아~ 이게 바로 생각을 뒤집는 거구나! 상식적으로도 생각해보고, 비상식적으로도 생각해본다. 긍정적으로도 생각해보고, 부정적으로도 생각해본다. 오른쪽으로도 생각해보고, 왼쪽으로도 생각해본다. 한 가지 방향에만 집착하지 않고, 다른 방향으로도 생각해본다. 그렇게 하면 새로운 아이디어가 생긴다.'

장수는 속으로 외쳤다.

'그렇다! 풀리지 않을 땐 생각을 뒤집어라!'

장수는 여태껏 창의적으로 생각하라는 말을 들을 때마다 답답했다.

'누군들 창의적으로 생각하고 싶지 않나? 어떻게 해야 되는지 모르니까 그런 거지. 너무 그렇게 달달 볶지 말라고! 나도 답답해

서 미칠 지경이니까…….'

장수는 비로소 창의적인 생각에 대한 실마리를 찾은 듯했다.

'그래, 바로 이거야! 창의적이란 게 뭐 별건가? 하늘에서 뚝 떨어지나? 땅에서 솟아나나? 생각을 뒤집으면 그게 바로 창의적인 거지. 그러면 새로운 아이디어가 떠오르지 않겠어?'

제6장

눈치 보는
리더가
성공한다

불평에
감사하라

팀원들은 모두 열심히 일했다. 하 대리는 아침부터 밤늦게까지 생산업체를 찾아다니며 소량 생산을 간곡하게 부탁했다. 예전에는 거들떠보지도 않던 동대문시장의 프로모션 업체까지 찾아갔다. 프로모션 업체는 소량으로 신속하게 생산할 수 있는 좋은 거래처다.

김 대리도 맹활약했다. 유통업체들을 상대로 2단계 론칭 전략을 적극적으로 홍보하면서 다음 시즌을 위한 사전 준비 작업을 철저히 해나갔다. 덕분에 신규로 론칭하는 브랜드는 절대 입점할 수 없다는 불문율을 깨고, 영등포 신나라백화점에 매장을 확보했다.

문제는 디자인실이었다. 디자인실에서는 브랜드 콘셉트를 정하고, 시즌 테마를 정해야 한다. 동시에 소재 조사도 해야 하고, 원단을 확보해야 한다. 디자인 아이템을 결정하고, 스케치를 하고,

샘플을 만들어야 한다. 브랜드를 출시하기 위한 모든 준비가 디자인실에서부터 시작된다.

이런 동시다발적인 일을 하면서도 박 실장은 여유를 잃지 않고 항상 전체를 보려고 노력했다. 어떤 일이 긴급하고, 어떤 일이 중요한지 생각하면서 일했다. 누구에게 어떤 일을 맡기는 게 좋은지, 누가 어떤 애로 사항이 있는지, 누구에겐 무엇을 도와줘야 하는지를 항상 생각했다.

박 실장은 어떤 경우에 교통정리를 해야 하고, 어떤 경우에 도로를 닦아야 하는지 생각했다. 일시적으로 차가 많이 막히면 교통정리를 하는 게 맞다. 그러나 상습적으로 정체한다면 도로를 새로 닦아야 한다. 박 실장은 일에 무작정 덤벼들지 않았다. 전체를 한눈에 보면서 체계적으로 일을 진척시켰다. 박 실장의 이런 노력 덕분에 품평회 준비는 착착 진행되고 있었다.

브랜드는 생산 아이템과 물량을 정하기 전에 품평회를 가진다. 품평회는 유통업체와 소비자의 반응을 살피고 개선점을 찾아 더 좋은 브랜드를 만들 수 있는 기회가 된다.

드디어 품평회가 열렸다. 하 대리는 생산업체 사람들을 품평회에 초대했다. 보통 생산업체는 품평회가 끝나고 물량을 결정할 때 미팅을 갖지만, 하 대리는 미리 생산업체의 반응을 살피고 싶었다. 김 대리는 유통업체 관계자와 실력 있는 판매 사원들을 대거 초대했다. 그들의 면면만 봐도 김 대리가 얼마나 열정적으로 일했는지 알 수 있었다.

박 실장은 품평회에서 직접 프레젠테이션을 하지 않았다. 프레젠테이션은 다른 직원에게 맡기고 자신은 품평회에 참석한 사람들의 반응을 살폈다. 프레젠테이션이 한창 진행되고 있을 때 누군가가 불쑥 말했다.

"2단계 론칭 전략이라고 소문만 요란하더니 별거 없네!"

품평회장은 찬물을 끼얹은 듯했다. 잠시 정적이 흘렀다. 프레젠테이션을 하던 디자이너가 당황해서 어쩔 줄 몰라 했다. 박 실장은 누군지 쳐다보았다. 정완판 판매 사원이었다.

'으이구~ 저 화상! 성질머리하고는……'

박 실장은 재빨리 나서서 분위기를 진정시켰다.

"예, 좋은 의견 주셔서 감사합니다. 아직 프레젠테이션이 더 남았으니 끝까지 듣고 나서 좋은 의견을 주시면 감사하겠습니다."

정완판 사원은 박 실장이 초대했다. '완판'이라는 이름은 완전히 잘 팔아치운다고 해서 붙은 별명이다. 정완판은 브랜드 업계에서 까칠하기로 소문이 나 있었다. 브랜드의 문제점을 족집게처럼 집어내어 불만을 터뜨리기 때문이다.

'아니, 작년하고 올해가 뭐가 다릅니까? 이렇게 매년 똑같은 제품을 어떻게 팔아요? 사이즈 스펙이 스타일마다 다르면 도대체 어떻게 판매하라는 겁니까?'

정완판이 쏟아내는 불만은 이루 헤아릴 수 없을 정도로 많았다. 정완판은 브랜드 업계에서 완전히 찍혀 있었다. 심지어 아예 버린 자식 취급을 받았다. 때문에 정완판이 불평하면 으레 그러려니 하고 무시했다. 이런 이유로 정완판은 한곳에 정착하지 못하고 여기저기 떠돌았다.

박 실장은 4년 전 품평회에서 정완판을 처음 만났다. 그때 다른 판매 사원들은 디자인실장의 비위를 맞추기에 급급했지만 정완판은 전혀 아니었다. 자신의 생각을 거침없이 말했다.

"실장님, 이건 디자인은 예쁠지 몰라도 실제로 판매하기는 어렵습니다. 일반인이 입기에는 너무 튑니다."

박 실장도 처음엔 이런 정완판이 싫었다. '뭐 이런 사람이 다 있어!' 하는 생각이 들었다. 그런데 디자인실장으로서 이런 피드백을 받기는 쉽지 않다. 품평회를 마치고 곰곰이 생각해보니 정완판의 말에 일리가 있었다. 비록 기분은 좋지 않았지만 박 실장은 정완판을 디자인실로 불러 판매 사원으로 현장에서 느끼는 애로 사항을 들었다.

박 실장은 정완판의 불평을 충분히 반영해서 디자인을 수정한 결과, 대박이 났다. 정완판이 말한 그대로 수정한 제품들은 모두 다 팔렸다.

정완판을 만난 뒤에 박 실장은 변했다. 예전에는 박 실장도 품평회에서 칭찬하는 판매 사원들을 좋아했었다.

"실장님, 이번 디자인 완전 좋아요!"

"역시 실장님은 컬러 감각이 좋으세요. 이번 시즌도 컬러가 죽입니다."

"실장님, 이번에도 역시 소재가 너무 좋아요."

판매 사원들에게선 이런 이야기를 들었지만 정작 판매에서는 그렇지 못한 경우가 허다했다. 판매 사원들은 상대방의 기분을 잘 알아차린다. 디자인실장에게 괜히 기분 나쁜 말을 해서 불이익을 받으려 하지 않는다. 좋은 게 좋은 거다 하고 넘어간다. 고양이 목에 방울을 달려고 하지 않는다. 그래서 판매 사원들과 함께한 품평회에선 별다른 개선점이 나오지 않았다.

박 실장은 정완판에게 고마움을 느낄 때가 많았다. 정완판의 말이 항상 옳은 건 아니지만, 박 실장이 놓치는 것에 대해 일깨워주는 경우가 많았다. 그렇다고 정완판의 말이 편하지만도 않았다. 정완판은 싸가지없게 불평하는 스타일이어서 다른 브랜드에선 거의 쫓겨나다시피 했다. 그러나 박 실장은 정완판에 대한 생각을 바꾸기로 했다.

'정완판이 말하는 건 상품에 대한 불평이지 나에 대한 불평이 아니다. 정완판의 불평을 뒤집어보면 제품에 대한 애정의 표현이다. 비록 표현 방식이 싸가지없긴 해도 정완판은 일에 대한 열정이 있다. 오히려 아무런 불평을 하지 않는 사람이 더 문제다. 따지고 보면 디자인실장에게 정완판은 고마운 사람이다.'

박 실장은 정완판에 대한 생각을 바꾸기로 마음먹었다.

'만약 내가 기분 나쁜 반응을 보이면 정완판은 더 이상 나에게 불평을 쏟아내지 않을 것이다. 그렇게 되면 나만 손해다. 불평은 열정의 다른 표현이다. 불평에 감사하자. 그 불평을 지혜로 바꾸면 될 거 아닌가?'

박 실장은 생각의 공식을 만들었다.

불평＝열정의 다른 표현

 이렇게 생각을 바꾸고 나서야 박 실장은 정완판의 불평을 기분 나쁘지 않게 들을 수 있었다. 그 후 박 실장은 생각을 좀 더 발전시켰다.
 '부하 직원들의 불평을 해결하면 문제를 사건에 방지할 수 있다. 부하의 불평에 감사하자. 불평이란 나와 다르게 생각하는 시각이다. 상대방의 불평을 해결하면 더 좋은 결과를 얻을 수 있다. 고객의 불평을 해결하면 회사가 발전하고, 가족의 불평을 해결하면 가정이 평화롭다. 따지고 보면 불평하는 사람은 욕먹을 각오를 하고 좋은 의견을 말해주는 고마운 사람이다.'

 박 실장은 문득 옛날에 다른 회사에 다닐 때의 일이 생각났다. 회사가 사정이 어려워 인수합병이 되었을 때 직원들의 불만이 대단했다.
 '이런 식으로 점령군처럼 마구잡이로 조직 개편을 하면 어쩌자는 거야? 우리보고 나가라는 거야? 뭐야?'
 '아니, 모든 비용을 동결해버리면 영업을 어떻게 하라는 거야?'
 '비용 절감도 중요하지만, 매출을 올려서 이익을 늘리는 게 더 중요하잖아?'
 '미수 채권을 줄이는 게 그렇게 중요하면 차라리 영업을 안 하는 게 맞잖아?'

박 실장을 포함해 간부들은 직원들의 불평불만을 달래느라 혼쭐이 났었다. 시간이 지나면서 회사는 조금씩 안정을 찾았다. 그런데 툭하면 불평을 늘어놓던 직원들은 모두 회사에 남아 있었다. 정작 아무런 불평도 없이 조용히 있던 사람들이 모두 회사를 떠났다. 그때 박 실장은 깨달았었다.

'불평하는 사람은 문제 되지 않는다. 그 불평을 해결해주면 된다. 그런데 아무 말 하지 않고 조용히 있는 사람이 더 큰 문제다. 그들은 문제가 무엇인지 전혀 말하지 않는다. 그래서 문제를 해결할 수가 없다. 그들은 그렇게 있다가 조용히 회사를 떠나버린다. 불평하는 사람을 싫어할 게 아니라 오히려 그들의 불평에 감사해야 한다. 오히려 아무런 불평 없이 조용히 있는 사람들을 경계해야 한다. 그들이 더 큰 사고를 친다.'

프레젠테이션이 끝나고 정완판은 종횡무진했다.
"실장님, 남성 구성비가 너무 부족해요. 실장님이 여성복엔 전문가일지 몰라도, 캐주얼에는 현실감각이 조금 떨어지는 것 같아요."
박 실장은 정완판의 말에 기분이 상했다. 이건 품평이 아니라 거의 인신공격에 가까웠다. 하지만 박 실장은 꾹 참았다.
"정완판 씨, 고마워요. 또 다른 의견도 말해주세요."
정완판이 제기한 문제는 큰 것만 해도 대충 이랬다.
'보여주는 상품이 너무 많아서 실제 매출로 연결될 수 있는 상품이 부족하다.'
'캐주얼은 원색 계열의 상품이 많아야 조화를 이룰 수 있는데,

전반적으로 컬러가 칙칙하다.'

'사이즈 스펙이 세 개밖에 안 된다. 위험하다. 나중에는 구색이 맞지 않아서 판매가 전면적으로 깨질 수 있다.'

박 실장은 정완판의 이야기를 꼼꼼히 메모까지 하며 들었다. 속이 정말 쓰릴 텐데 표정으로 봐서는 아무렇지도 않은 것처럼 보였다.

장수는 판매 사원의 온갖 불평에도 화내지 않고 끝까지 들으며 메모까지 하는 박 실장을 보면서 정말 대단하다고 생각했다.

'부하 직원들의 불평을 진지하게 받아들여 그걸 자신의 성공으로 만드는 게 바로 박 실장의 비결이구나!'

품평회가 끝날 무렵 최 본부장이 왔다. 그동안 최 본부장은 장수에게 모든 것을 맡겨놓고 론칭 작업에 일체 관여하지 않았다. 장수를 철저히 믿고 기다려주었던 것이다. 장수는 생각했다.

'본부장은 나에게 모든 것을 맡기고 난 뒤에 얼마나 불안한 시간을 견뎠을까? 그야말로 공포의 시간이었을 것이다.'

장수는 최 본부장이 믿어주는 만큼 더 잘하려고 혼신의 힘을 다했다. 장수는 '공포의 시간을 견딘다'는 말의 의미를 온몸으로 느낄 수 있었다.

'아~ 바로 이거구나! 본부장이 믿고 기다려준 시간이 바로 내가 성장할 수 있는 시간이었구나……'

최 본부장이 장수의 노고를 치하했다.

"오늘 품평회, 대성공이었다면서? 자, 모두 같이 나가지. 내가 한턱내겠네."

박 실장은 술 한 잔에 무너졌다. 그동안 품평회를 준비하느라 몸과 마음이 많이 지친 듯했다. 다른 팀원들은 서로 위로하고 격려하면서 밤늦도록 술잔을 부딪쳤다.

질문으로
열정을 이끌어내라

박 실장은 품평회를 마친 뒤에 디자인실 미팅을 가졌다. 품평회 내용에 대한 피드백을 하기 위해서다. 박 실장은 직원들의 공감을 얻기 위해선 토론 과정이 반드시 필요하다는 걸 잘 알고 있었다. 박 실장 자신은 '당연하다', '뻔하다'고 생각하는 것을, 직원들은 다르게 이해하고 있는 경우를 많이 본 터라 '당연하다', '뻔하다'는 생각을 경계한다. 그래서 박 실장은 품평회를 하고 나면 반드시 피드백 시간을 가진다.

'말하지 않으면 귀신도 모른다. 내가 말해주지 않는데 직원들이 어찌 알겠는가?'

이게 바로 박 실장이 디자인실을 운영하는 원칙이다.

박 실장이 말했다.

"여러분, 이번 품평회를 준비하느라 모두 수고 많았습니다. 여러분의 노고에 감사드립니다."

　박 실장은 디자이너들의 노고를 치하하고 농담도 던지면서 분위기를 부드럽게 만들었다. 그러자 직원들은 함박웃음을 지으며 좋아했다.

　"예, 실장님. 감사합니다. 실장님도 정말 수고 많으셨습니다."
　"그래, 맞아! 실장님이 제일 고생 많으셨습니다. 이런 결과가 나온 건 모두 실장님이 우리를 잘 이끌어주셨기 때문입니다. 호호호~."

　박 실장이 직원들의 칭찬에 수줍어하며 말했다.
　"그러네요. 우리 모두가 다 고생했네요. 어쨌거나 여러분의 노고에 진심으로 감사드립니다. 여러분이 없었다면 오늘의 성과는 내지 못했을 테니까요."

　직원들의 왁자지껄한 웃음소리를 뒤로하며 박 실장이 단도직입적으로 물었다.
　"우리가 이번에 잘한 건 무엇일까요?"
　디자이너 중 하나가 대답했다.
　"실장님, 스타일 수를 50개밖에 만들지 않으면서도 브랜드 이미지를 제대로 표현한 것 같은데요."
　박 실장이 다시 물었다.
　"그리고 또 잘한 건 뭘까요?"
　또 다른 디자이너가 말했다.
　"원단이 저렴하면서도 질감이 좋아서 고급 느낌이 나는 게 잘한 것 같아요."

박 실장이 이어 갔다.

"그렇군요. 또 어떤 걸 잘했을까요?"

"여태까지 캐주얼 브랜드들이 보여주지 못했던, 심플하면서도 고급스러운 느낌이 나는 디자인이 좋은 거 같은데요."

박 실장은 직원들이 스스로 말하게 하는 습관이 있다. 박 실장은 직원들에게 일방적으로 알려주기보다 직원들의 마음속에 있는 것을 끄집어내어주는 것이 훨씬 더 효과적이라고 생각한다. 직원들은 상사가 자신의 생각을 들어주면 신바람이 난다. 그리고 자신이 한 말에 대해선 기꺼이 책임지려고 한다. 그들이 스스로 말한 건 그들 자신의 문제가 되기 때문이다. 그렇게 하면 직원들은 자부심을 가지고 스스로 열정적으로 참여하게 된다.

박 실장이 물었다.

"그럼, 이번 품평회에서 혹시 아쉬운 점이 있나요?"

디자이너들의 대답이 봇물처럼 쏟아졌다.

"실장님, 남성 구성비가 조금 부족한 것 같아요."

"전반적으로 컬러가 화려하지 못한 거 같아요."

"사이즈 스펙이 세 개밖에 되지 않아서 조금 불안해요."

"보여주는 상품이 많아서 실제 매출로 연결될 수 있는 상품은 부족한 거 같아요."

디자이너들은 자신들의 의견을 거침없이 쏟아냈다. 정완판이 지적했던 내용이 모두 나왔다. 잘못한 점에 대해 직원들이 스스로 말하게 하면 별다른 거부감 없이 문제가 쉽게 드러난다는 것을 박 실장은 잘 알고 있었다.

'직원들 스스로 문제점을 말하게 하라. 그러면 직원들 스스로 그 문제의 해결사가 된다.'

그래서 박 실장은 직원들이 스스로 말하게 하려고 노력했다.

박 실장이 물었다.

"그럼 앞으로 무엇을 해야 할까요?"

직원들은 앞다투어 해결책을 내놓았다.

박 실장은 잘 알고 있었다.

'직원들은 토론을 통해 문제를 공유하고, 목표를 한 방향으로 일치시켜야 진정한 동료가 된다. 리더는 그 불을 지피는 역할만 하면 된다.'

박 실장은 사냥꾼 스타일의 리더를 싫어한다. 일이 끝나면 직원들의 공로에 입을 싹 닦는 리더를 경멸한다. 이들은 마치 사냥꾼이 먹잇감을 사냥하는 것처럼 한탕주의로 직원들을 부려먹으려고만 한다.

박 실장은 농부 스타일로 일하려고 노력한다. 농부는 씨 뿌리고 가꾸는 사람이다. 잡초도 제거해주고, 수확하고 나면 다음 해 농사를 위해 땅을 보호하고 영양도 보충해주는 작업을 해야 한다. 이런 일들을 하려면 많은 노력이 필요하다. 그러나 자연의 법칙은 거짓말을 하지 않는다. 농부가 이런 노력을 기울이면 자연은 더 큰 수확으로 보답한다.

박 실장은 직원들도 씨 뿌리고 가꾸는 것처럼 해야 더 큰 성과로 보답한다는 것을 굳게 믿었다. 그렇게 되면 직원들도 성장하고, 자신도 성장한다. 이게 바로 서로 행복하게 직장생활을 할 수 있는 비결이라고 생각했다.

　박 실장은 속으로 다시 한 번 다짐했다.

　'리더는 절대로 사냥꾼 스타일이 되어선 안 된다. 리더는 농부 스타일이 되어야 한다.'

자신의 일에 가치를 부여하라

품평회가 끝나고 팀원들은 가평 남이섬에 MT를 갔다. 남이섬에는 왕자님을 기다리는 애절한 인어 공주 이야기가 있다. 또 이런 문구가 있었다.

'남이섬은 달밤이 좋다. 별밤은 더 좋다. 하지만 새벽을 걸어 올리는 물안개를 마주하면 아무 말도 할 수가 없다.'

장수는 남이섬에 있는 이 문구가 아름답다는 생각이 들었다. 남이섬에는 김장축제를 한다. 배추를 절여서 양념을 버무리고, 독에 넣어 땅에 묻는다. 김치는 움막에서 겨울을 난다. 각자 만든 김치는 이름표를 붙여두고 언제든 먹고 싶을 때 와서 먹을 수 있다. 장수는 김치를 만드는 과정이 마치 브랜드를 론칭하는 것과 흡사하다는 생각이 들었다.

팀원들은 남이섬에서 그동안 지친 몸과 마음을 달랬다. 그러나 브랜드 론칭까지는 아직 많은 과정이 남아 있었다. 품평회 결과를 수정하고 또 생산을 해야 한다. 디자인도 힘들었지만 생산은 더 큰 전쟁이다. 장수는 마지막까지 긴장을 늦출 수 없었다. 장수는 박 실장의 마음을 달래가며 디자인을 독려했다. 하 대리는 밤낮을 가리지 않고 생산업체를 돌아다녔다.

모두 전쟁 같은 하루하루를 보내던 어느 날이었다. 최 본부장이 팀원들에게 강당으로 모두 모이라고 했다. 장수는 투덜거리며 강당으로 갔다.

'뭐야! 아침부터…… 바빠 죽겠는데…….'

강당엔 직원들로 빼곡하게 차 있었다. 회사 전체 교육인 듯했다. 잠시 강당이 술렁거렸다. 웬 스님이 강단에 올라가는 모습이 보였다.

'앗, 무애스님이다!'

장수는 깜짝 놀랐다.

최 본부장이 강연에 초대한 것 같았다. 무애스님은 두 손을 가슴에 모으고 합장하며 인사했다.

"안녕하세요?"

직원들도 큰 소리로 인사했다.

"안녕하세요?"

무애스님은 칠판에 크게 썼다.

'행복한 직장생활의 비결'

그러고 나선 무애스님이 물었다.

"여러분, 행복한 직장생활의 비결이 뭘까요?"

장수는 그동안 일하는 데만 정신이 팔려 직장생활의 행복에 대해서는 생각해볼 여유가 없었다. 장수는 의문이 들었다.

'직장생활을 하면서 행복할 수 있나?'

마치 장수의 생각을 꿰뚫고 있는 것처럼 무애스님이 말했다.

"여러분 가운데 혹시 직장생활을 하면서 과연 행복할 수 있는지 의심하는 사람이 있나요?"

장수의 얼굴이 홍당무처럼 붉어졌다.

무애스님이 계속해서 말했다.

"행복의 비결은 여러 가지로 말할 수 있겠지만, 우리가 조금만 노력하면 쉽게 행복할 수 있습니다."

장수가 속으로 중얼거렸다.

'조금만 노력하면 쉽다고?'

무애스님이 말했다.

"행복한 직장생활의 첫 번째 비결은, 자신의 일에 가치를 부여하는 것입니다."

'자신의 일에 가치를 부여한다?'

장수는 조르지오가 브랜드 목적에 가치를 부여해야 더 큰 이익을 얻을 수 있다면서 강조했던 '경영의 패러독스'가 생각났다.

무애스님이 계속해서 말했다.

"자신이 하는 일이 사회에 큰 공헌을 하고 있다고 생각하면, 그 사람은 자신의 일에 자부심을 느낄 것입니다. 자신을 '농부'라고 생각하는 선생님이 있습니다. 그 선생님은, 농부가 씨를 뿌리고 가꾸는 것처럼 자신도 학생들에게 지혜의 씨를 뿌리고 행복을 가꾸는 일을 하고 있다고 생각하고 있습니다. 이 선생님은 자신의 직업에 자부심과 보람을 느끼면서 아이들을 가르치고 있습니다."

장수는 비유가 멋지다는 생각이 들었다.

'농부가 씨를 뿌리고 가꾸는 것처럼, 지혜의 씨를 뿌리고 행복을 가꾼다……'

무애스님이 계속해서 말했다.

"또 자신을 '행복발전소'라고 생각하는 사회복지사가 있습니다. 자신이 하는 일이, 힘들고 어려운 처지에 놓인 사람들에게 도움이 된다고 생각해서, 헌신적으로 일하고 있습니다. 또 자신을 '사랑의 메신저'라고 생각하는 통신사 직원이 있습니다. 사람들이 통신을 통해 서로 사랑을 전할 수 있도록 도와주는 메신저라는 것입니다."

장수는 그 사람들이 멋지다는 생각이 들었다.

'행복발전소? 사랑의 메신저?'

무애스님이 말했다.

"여러분, 누구나 자신이 하는 일에 가치를 부여할 수 있습니다. 음식점을 운영하는 사람들은 배고픈 사람들에게 허기진 배를 채워주는 좋은 일을 하고 있다고 생각할 수 있고, 택시 운전을 하는 사람들은 급한 사람들을 목적지까지 안전하게 데려다 주는 길 안

내자라고 생각할 수 있습니다. 명심하기 바랍니다. 자신이 하는 일을 보잘것없다고 생각하는 게 아니라, 자신의 일에 의미와 가치를 부여하는 것이 행복한 직장생활의 첫 번째 비결입니다."

장수는 생각했다.

'나는 뭐지? 아~ 그렇지! 나는 사람들에게 패션의 즐거움과 자유를 제공하는 사람이지!'

장수는 갑자기 어깨가 으쓱해졌다.

독불장군은 없다

무애스님이 계속해서 말했다.

"행복한 직장생활의 두 번째 비결은, 사람들과 어떤 관계를 맺고 있는가 하는 것입니다. 함께 일하고 있는 동료들과 좋은 관계를 맺지 못한다면 직장생활이 행복하지 못할 것은 자명한 일이 아니겠습니까? 그러면 동료들과 좋은 관계를 맺으려면 어떻게 해야 할까요?"

스님은 청중을 한번 둘러보고 난 뒤에 말했다.

"관계의 법칙을 이해해야 합니다. 관계의 법칙이란 이 세상에 홀로 존재할 수 있는 건 아무것도 없다는 말입니다. '나'는 '나 아닌 것(땅, 물, 공기, 햇빛 등)'이 없으면 살아갈 수 없습니다. 모든 존재는 서로 연결되어 의지하고 있습니다. 그러니까 우리는 다른 존재의 도움 없이는 한순간도 살아갈 수 없습니다. 그런데도 자기 혼자 힘으로 산다고 생각하는 사람들이 있습니다. 정말 슬픈 일이 아닐 수 없습니다. 왜 슬프냐고요? 그 사람은 곧 도태하고 말 것이기 때문입니다."

장수가 중얼거렸다.

'이 세상을 혼자 힘으로 산다고 생각하는 사람들은 곧 도태한다……'

장수는 무애스님의 말을 한마디도 놓치지 않으려고 정신을 집중했다.

무애스님이 말했다.

"회사에서도 가끔 이런 사람이 있다는 말을 들었습니다.

'자기가 잘나서 회사가 잘 돌아간다고 생각하는 사람'

'자기가 다른 사람들을 모두 먹여 살린다고 생각하는 사람'

'다른 사람 도움 없이, 자기 혼자 힘으로 직장생활을 하고 있다고 생각하는 사람'

이런 사람들을 일컬어 독불장군이라고 합니다. 그러나 우리는 서로 연결되어 있기 때문에 서로 의지하면서 살아갈 수밖에 없습니다. 그런데도 자기 혼자 잘났다고 생각하고, 혼자 힘으로 살아간다고 생각하는 독불장군은, 고립되어서 이내 멸종할 수밖에 없을 겁니다."

'뭐라고? 독불장군은 멸종한다고……'

장수는 무애스님의 이야기에 점점 빨려들고 있었다.

"여러분, 자신의 행복과 성공에 다른 사람들의 도움이 얼마나 큰지 생각해본 적이 있습니까? 부하 직원들의 도움 없는 상사의 성공은 있을 수 없고, 상사의 도움 없는 부하 직원의 행복도 있을 수 없습니다.

쉽게 말해서 관계의 법칙이란, 상사는 부하 직원이 없으면 존재할 수 없고, 부하 직원 역시 상사 없이는 존재할 수 없다는 걸 말합니다."

장수는 무애스님의 강연이 어렵게 들렸다. 그래서 무애스님의 말을 차분히 정리해보았다.

'홀로 존재하는 것은 없다. 모든 것은 서로 연결되어 있어서 부하 직원과 상사는 서로 도울 때 비로소 존재할 수 있다. 이게 바로 관계의 법칙이다.'

무애스님이 좌중을 둘러보더니 물었다.

"내 이야기가 어려운가요?"

"아니요! 어렵지 않아요."

구석에 앉아 있던 신새롬이 큰 소리로 대답했다.

"스님, 안녕하세요? 지난번에 해인사에서 인사드렸던 신새롬이에요."

"아, 새롬 씨! 반가워요. 그런데 새롬 씨는 내 말이 어렵지 않나요?"

"아니요, 스님, 그게 뭐가 어려워요. 홀로 존재하는 것은 없다, 우리는 서로 연결을 통해 살아간다, 독불장군은 생존할 수 없다, 이내 멸종하고 만다, 관계의 법칙을 이해해라. 뭐 이런 말씀 아닌가요?"

장수는 깜짝 놀랐다.

'아니, 새롬 씨가? 제법이네. 무시했다가는 큰코 다치겠는 걸······.'

무애스님이 크게 웃으며 말했다.

"새롬 씨가 정확히 이해하고 있군요. 그래요, 맞아요."

신새롬이 무애스님의 칭찬에 기가 산다는 듯 어깨를 으쓱하며 추켜올렸다.

무애스님이 말했다.

"새롬 씨 말처럼, 이 시대를 살아가려면 독불장군처럼 혼자 잘났다는 생각을 버리고, 회사생활은 부하 직원과 상사가 함께 도와 나가야 한다는 걸 알아야 합니다. 이러한 원리를 이해할 때 비로소 제대로 된 관계를 맺을 수 있습니다."

무애스님이 칠판에 뭔가를 썼다.

"여러분, 이게 무슨 뜻인지 알겠습니까?"

장수가 칠판을 보니 수학 공식 같은 게 쓰여 있었다.

$$L=f(P, W, B)$$

무애스님이 얼굴에 환한 미소를 지으며 말했다.

"여러분! 리더로서 성공하고 싶으세요?"

장수는 속으로 중얼거렸다.

'스님, 그건 모든 사람이 바라는 겁니다. 저도 그렇고요.'

"만약 리더로서 성공하고 싶다면 이 공식을 꼭 기억하기 바랍니다!"

무애스님은 공식을 이렇게 설명했다.

L: Leadership(영향력)
P: Paradigm(생각)
W: Words(말)
B: Behavior(행동)

'리더십이란, 그 사람의 생각이 말과 행동으로 나타난 것으로서, 다른 사람들에게 미치는 영향력이다.'

무애스님이 말했다.

"불교에서는 그 사람의 생각을 의(意)라 하고, 말을 구(口), 행동을 신(身)이라고 합니다. 이 세 가지를 일컬어 삼업(三業)이라고 하는데, 이건 그 사람의 인생 전체를 의미합니다. 업은 어떤 것이 원인이 되어 결과가 생긴다는 말인데, 흔히들 인과응보라 하기도 하고, 원인과 결과의 법칙이라 부르기도 합니다. 뭐라고 부르든 마찬가지입니다. 모두 그 사람의 생각, 말, 행동, 이 세 가지가 원인이 되어 그 사람의 인생을 결정한다는 말입니다.

생각, 말, 행동에 의해 좋은 업을 짓기도 하고, 나쁜 업을 짓기도 합니다. 때문에 불교에선 그 사람의 생각, 말, 행동을 보면 그 사람의 과거를 알 수 있고, 또한 그 사람의 미래를 짐작할 수 있다고 합니다.

마찬가지로 지금 그 사람이 어떤 생각과 말과 행동을 하고 있는지를 보면 그 사람의 리더십을 단박에 알 수 있습니다. 생각, 말, 행동은 반드시 원인이 되어 그 결과를 가져오기 때문입니다. 만약에 여러분이 훌륭한 리더십을 발휘하고 싶다면 여러분의 생각, 말, 행동을 살펴봐야 합니다."

장수는 무애스님의 말이 생소했지만 일리가 있다는 생각이 들었다.

'리더십은 그 사람의 생각이 말과 행동으로 나타난 것으로, 다른 사람들에게 미치는 영향력이다.'

인생을 바꾸고 싶으면 생각을 바꾸라

무애스님의 강의가 이어졌다.

"패러다임이란 그 사람이 세상을 보는 시각을 말합니다. 그 사람의 생각은 그 사람의 말과 행동의 근원입니다. 그러므로 리더십은 바로 그 사람의 생각에서 비롯됩니다. 다른 말로 하면, 리더십은 상사가 부하 직원을 어떻게 생각하고 있는가에 따라 좌우됩니다.

윈스턴 처칠이 말했습니다.

'누군가를 훌륭한 사람으로 만드는 최고의 방법은, 그 사람이 이미 그렇다고 믿는 것이다.'

상사가 부하 직원이 잘할 수 있다고 믿는지, 부하 직원을 믿지 못하는지, 상사의 생각에 따라 그 사람의 리더십이 달라집니다. 부하 직원들은 자신을 믿어주는 상사를 위해선 최선의 노력을 다

합니다.

랠프 월도 에머슨은 또 이렇게 말했습니다.

'그 사람을 믿어라. 그러면 그는 그렇게 행동한다.'

반면에 자신을 믿지 못하고 사사건건 간섭하고 비난하는 상사에겐 반발하기 마련입니다. 혹시 부하 직원의 재능이 원숭이 정도에 불과하다고 생각합니까? 그러면 부하 직원은 원숭이처럼 행동할 것입니다.

명심하기 바랍니다. 상사가 마음속으로 부하 직원들을 어떻게 생각하고 있는지에 따라 상사의 리더십이 결정됩니다. 리더십은 상사의 생각이 말과 행동으로 나타난 영향력이기 때문입니다."

장수는 무애스님의 이야기가 쉽게 이해되지 않았다.

'상사가 부하 직원을 어떻게 생각하는지에 따라 리더십이 결정된다?'

무애스님이 물을 한 모금 마시고 난 뒤에 말했다.

"부하 직원들에게 좋은 영향력을 미치려면 상사 스스로 부하 직원들을 어떻게 생각하고 있는지 먼저 알아야 합니다. 자신이 부하 직원들을 무시하는지 아니면 존중하는지를 알아차려야 합니다. 상사의 생각은 그대로 말과 행동으로 나타나기 때문입니다."

무애스님은 청중들을 둘러본 뒤에 말을 이어갔다.

"흔히들 성격이 급해서 화를 잘 낸다고 하는데 그건 맞는 말이 아닙니다. 가령 화를 잘 내는 부장이 있다고 합시다. 이 사람이 과연 성격이 급해서 화를 잘 내는 것일까요? 아무리 성격이 급하다 해도 사장님에게 버럭 화를 낼까요? 속에서 천불이 나도 꾹 참겠

죠? 그러면 성격이 급해서 화를 내는 것이 맞나요?"

장수는 생각했다.

'그래, 맞아! 아무리 성격이 급하다 해도 부장이 사장에게 함부로 화를 내지는 않지.'

무애스님이 입가에 엷은 미소를 지으며 말했다.

"한 번 더 생각해볼까요? 세상에서 아무리 성격 급한 사람이라 해도 대통령 앞에서 신경질을 부리고 화를 낼까요? 그렇진 않겠지요? 그럼 도대체 뭘까요? 사람들이 화를 내는 건 성격이 급해서가 아니라 이 사람에겐 화를 내도 괜찮다는 생각이 자신의 내면에 있기 때문입니다. 상대방을 무시하는 마음이 있기 때문에 화를 내는 겁니다. 맞나요? 이렇게 생각은 무의식중에 말과 행동으로 나타나는 겁니다."

무애스님은 마치 일급비밀을 폭로하는 사람처럼 조심스럽게 말했다.

"그럼 앞으로는 괜히 화를 내서 상대방을 무시하는 마음을 들키지 말기 바랍니다. 하하하~."

무애스님이 너털웃음을 터뜨렸다.

'화를 내는 것은 성격이 급해서가 아니라 상대방을 무시하는 마음이 있기 때문이다.'

장수는 얼굴이 붉어졌다. 무애스님의 말이 맞다. 장수도 자기보다 지위가 높은 사람에겐 화를 내지 않는다. 누가 호랑이 입안에 머리를 들이대겠는가?

무애스님이 말했다.

"좀 더 생각해볼까요? 그럼 내가 화나는 것이 상대방이 잘못했기 때문일까요? 아니면 나의 무시하는 마음 때문일까요? 이걸 정확히 알아야 합니다. 우리는 흔히들 내가 화나는 게 상대방의 잘못 때문이라고 생각합니다. 하지만 그건 맞는 말이 아닙니다. 자신의 내면 깊숙한 곳에, 저 사람에겐 화를 내도 괜찮다는 생각이 자리 잡고 있기 때문에 화가 나는 겁니다."

장수가 중얼거렸다.

'화나는 이유가 상대방의 잘못 때문이 아니라, 저 사람에겐 화를 내도 된다는 무시하는 마음 때문이라? 어이쿠, 이거 큰일 났네! 오늘 스님 강의를 모두 같이 들었는데 앞으로 화를 냈다가는 내가 자기를 무시하고 있다는 걸 만천하에 공표하는 게 되잖아.'

장수는 주위를 둘러보았다. 고개를 끄덕이는 사람도 있었고 무릎을 치는 사람도 있었다. 그에 반해 간부들의 표정은 조금씩 굳어가고 있었다. 하 대리가 장수에게 눈을 찡긋해 보였다. 앞으로 회사 분위기가 재미있을 것 같았다.

'하루에도 몇 번씩 버럭 화를 내던 분들은 앞으로 어떻게 살아갈까?'

장수도 예전엔 부하 직원들에게 화를 자주 냈었다. 그 때문에 많은 사람들이 상처를 받았다. 직장생활이 재미 없고 어떨 땐 밥맛도 없다고 했다.

'아~ 화를 낸다는 건 상대방에 대한 자기 내면의 깊은 생각을 드러내는 거구나!'

무애스님이 간부들의 표정을 살피고 난 뒤에 말했다.

"여러분 중에는 내 말에 수긍이 안 가는 사람도 있을 겁니다.

'직장생활을 하면서 어떻게 화를 내지 않을 수 있는가? 그냥 내버려두면 자기가 뭘 잘못하는지도 모르게 된다. 그러면 버릇이 더 나빠지고 팀워크가 깨진다. 결국 조직이 망가진다.'

혹시 이렇게 생각하는 사람 있나요? 이런 분은 병이 깊어서 치료를 받으셔야 합니다. 혹시 이런 분이 있으면 개인적으로 저를 찾아오세요. 제가 치료해드리겠습니다."

직원들이 큰 소리로 웃었다. 직원들의 시선이 B부장에게 쏠렸다. B부장은 눈을 부라리며 직원들을 노려봤다.

"이런 분이 있으면 진짜로 찾아오세요. 꼭 병을 고쳐야 됩니다. 다른 사람들을 못살게 구는 핵폭탄은 하루빨리 제거해야 되지 않겠습니까?"

무애스님이 웃으며 말했다.

'화를 잘 내는 사람은 핵폭탄이라? 어휴~ 다행이다. 조금만 늦었으면······.'

장수는 지금은 핵폭탄을 제거한 자신이 다행이라는 생각이 들었다.

무애스님이 말했다.

"반대로 부하 직원을 믿고 존중하는 생각을 가진 상사가 있다면 어떻게 될까요? 그 상사의 생각 역시 말과 행동으로 나타나게 됩니다. 여러분, 상사들이 하는 말 중에서 어떤 말이 우리를 행복하게 합니까?"

그때 김정열 대리가 불쑥 일어나 말했다.

"스님, 저희 회사에서 '부하 직원들이 좋아하는 상사의 말'이라는 설문조사를 한 적이 있는데요. '고마워', '잘했어', '수고했어', '고생한다', '힘내라', '자네라면 잘할 거야' 이런 말들이 주로 나왔습니다."

스님이 환한 웃음을 지으며 말했다.

"아, 김정열 대리! 언제나 밝고 명랑한 모습이 보기 좋군요. 말해줘서 고마워요."

김정열이 겸연쩍어 하며 말했다.

"뭘요, 스님. 이까짓 것 가지고……."

무애스님이 표정을 근엄하게 바꾸며 말했다.

"호랑이는 발톱을 숨겨도 호랑이입니다. 마찬가지로 우리의 생각은 어떻게 해도 숨길 수가 없습니다. 우리의 생각은 아무리 숨기려고 노력해도 결국에는 말과 행동으로 나타나게 되어 있습니다. 부하 직원을 믿고 존중하는 사람은 조금 전에 김정열 대리가 말한 것처럼 그런 말들을 주로 하겠지요.

여러분, 인생을 바꾸고 싶으세요? 그럼 발톱을 숨기려 하지 말고, 내면에 있는 생각을 먼저 바꾸세요!"

장수가 속으로 중얼거렸다.

'인생을 바꾸고 싶다면 생각을 바꾸라?'

무애스님이 말했다.

"직장에서 성공하고 싶다면 먼저 부하 직원들에 대한 자신의 생각을 바꿔야 합니다. 부하 직원들이 없으면 나도 존재할 수 없다는 것을 믿으십시오. 부하 직원들이 있기에 회사가 있고, 회사가 있기에 비로소 내가 존재할 수 있는 겁니다. 이게 바로 관계의 법칙입니다.

부하 직원들은 내가 존재하는 기반이 됩니다. 내가 존재하는 기반에 대해 우리는 어떤 생각을 가지게 될까요? 그렇습니다. 당연합니다. 감사하는 마음을 가지게 되겠지요. 내가 부하 직원들에게 감사하는 마음을 가지게 되면 그 마음을 표현할 겁니다. 그렇게 되면 부하 직원들도 나에게 좋은 반응을 보여주겠지요. 관계는 메아리의 법칙입니다.

메아리의 법칙이란 바로 원인과 결과의 법칙을 말합니다. 내가 '야호~' 하고 외치면 메아리는 그대로 '야호~' 하고 돌려줍니다. 내가 지은 원인이 결과가 되어 돌아오게 되어 있습니다.

그럴 때 비로소 내 직장생활이 바뀌고, 내 인생이 바뀌는 겁니다. 직장에서 성공하고 싶으세요? 그러면 제일 먼저 부하 직원들에게 감사하는 마음을 가지세요! 여러분의 인생이 통째로 바뀌게 될 겁니다."

장수는 깜짝 놀랐다.

'메아리의 법칙? 원인과 결과의 법칙? 아니, 이렇게 당연한 걸 왜 나는 이제까지 잊고 살았지?'

무애스님이 말했다.

"여러분 중엔 제 말을 믿지 못하는 사람들도 있을 겁니다.

'아니, 부하 직원들에게 어떻게 감사하는 마음을 가질 수 있지? 말도 안 돼! 저건 그냥 공자님 말씀이야!'

여러분, 이 점을 잊지 마세요. 모든 고통은 자신의 생각에서 비롯됩니다.

'부하 직원들이 나를 돕는 게 아니라, 내가 부하 직원들을 돕는 거지! 말도 안 돼!'

이런 생각은 여러분을 고통스럽게 합니다.

'부하 직원들은 내가 존재하게 해주는 고마운 사람들이다!'

이렇게 생각을 고치세요. 그러면 인생 전체가 바뀝니다."

장수가 또 한 번 속으로 중얼거렸다.

'부하 직원들은 나의 존재 기반이 되는 고마운 사람들이다.'

귀는 열고
입은 닫아라

무애스님은 숨을 깊이 들이마시고 난 뒤에 말했다.

"지금까지 우리는 'L=f(P, W, B)'의 생각에 대해 이야기했습니다. 그럼 이제 말에 대해 살펴볼까요?

사람의 생각이 밖으로 드러나는 게 바로 말인데, 상사의 말은 곧 자신의 리더십을 결정합니다. 부하 직원을 존중하는 말을 하는지, 아니면 사사건건 비난하고 무시하는 말을 하는지에 따라 그 사람의 영향력은 달라지게 되어 있습니다.

인간은 기분이 좋을 때와 화가 날 때의 지능이 두 배로 차이가 난다고 합니다. 사람은 화가 나면 지능이 절반으로 떨어져서 지능이 원숭이와 같아집니다. 부하 직원들을 비난해서 화나게 만들어놓고 일을 시키는 건 사람을 원숭이로 만들어놓고 일을 시키는 것과 같은 셈이지요. 허허허~."

장수는 자신도 화가 난 상태에서는 실수를 많이 하고 일이 엉망이 되는 경험을 많이 했었다.

무애스님이 너털웃음을 지으며 말했다.

"허허허~ 그런데 사람이 화났을 때 지능이 원숭이가 된다는 말은, 나도 어디선가 들은 거지, 과학적 근거는 정확히 모릅니다. 어쨌든 부하 직원들이 기분 좋게 일하는지, 아니면 기분 나쁜 상태에서 일하는지는 성과에 지대한 영향을 미치게 되어 있습니다.

이런 일이 하루 이틀이 아니라 몇 년 동안 지속된다고 생각해보세요. 어떤 결과가 생기겠습니까? 조그만 불씨가 큰 산불을 일으키듯이, 사소한 비난의 말이 차곡차곡 쌓이면 나중엔 걷잡을 수 없는 결과를 초래합니다. 사소한 말이 거대한 일이 되고 맙니다.

결론을 말하자면, 상사의 말은 조직의 성패를 좌우합니다. 상사의 말은 부하 직원을 원숭이로 만들기도 합니다. 그러므로 불필요하게 부하를 비난하는 말은 하지 말아야 합니다. 그런데 더 심각한 것은 자신이 어떤 말을 하고 있는지 모르는 사람들이 아주 많다는 것입니다. 자신이 욕을 하면서도 욕을 하고 있는지도 모르고, 자신이 상대방을 비꼬고 있으면서도 그걸 모르는 사람들이 허다합니다. 이래서야 관계가 좋아질 수 있겠습니까?

상대방에게 좋은 영향력을 행사하고 싶다면, 자신이 어떤 말을 하고 있는지 항상 알아차려야 합니다. 리더는 자신의 생각을 알아차리고, 동시에 자신이 어떤 말을 하고 있는지, 어떤 행동을 하고 있는지 알아차려야 합니다."

장수는 '리더가 어떤 말을 하는지에 따라 조직의 성패가 좌우된다'는 무애스님의 말에 고개를 끄덕였다.

무애스님이 말했다.
"여러분, 혹시 이런 말 들어보셨나요?
'리더가 될수록 귀는 열고, 입은 닫아라.'
이게 무슨 뜻일까요? 여러분은 부하 직원들에게 호기심이 많은 가요? 아니면 하고 싶은 말이 더 많은가요? 리더는 많이 듣고, 말은 적게 하는 게 좋습니다. 그러면 리더는 부하 직원들이 하는 말 속에서 문제를 찾을 수 있고, 또 해답을 찾을 수 있습니다. 그러기 위해선 리더는 귀를 열고 바람 지나가는 소리도 들어야 합니다."
장수는 무애스님의 표현이 재미있다는 생각을 했다.
'리더는 귀를 열고 바람 지나가는 소리도 들어야 한다?'
무애스님이 큰 소리로 말했다.
"여러분, 몇 번씩 말하지만 리더십은 영향력입니다. 부하 직원들에게 어떤 영향력을 발휘하고 싶습니까? 부하 직원들이 의욕적이고 자발적으로 움직이게 하고 싶으세요? 그러면 부하 직원들의 말을 많이 들으십시오. 부하 직원들이 지금 어떤 생각을 하고 있는지, 호기심을 가지고 들으세요.
부하 직원들의 말을 많이 듣는다는 건 부하 직원들이 어떤 생각을 하고 있는지, 어떤 어려움을 겪고 있는지, 무엇을 하고 싶은지, 부하 직원의 현재 상태를 진단하는 행위입니다.
의사들은 환자에게 끊임없이 묻고 듣습니다. 어디가 아파서 왔는지, 어떻게 아픈지, 언제부터 아팠는지, 그렇게 묻고 난 뒤에도 엑스레이를 찍고, 각종 검사를 합니다. 처방을 하기 위해선 정확한 진단이 필요하기 때문입니다.

　리더가 부하 직원들의 말을 듣는 건 의사가 환자를 진단하는 것과 같습니다. 부하 직원들의 말을 제대로 듣지도 않고, 자신의 고정관념으로 지레짐작해서 결론을 내리는 것은 진단 없이 처방하는 것과 같습니다. 이는 환자를 위험한 지경에 빠뜨릴 수도 있습니다. 리더는 절대로 진단 없이 처방을 내리는 어리석음을 범해서는 안 됩니다."

　장수가 속으로 중얼거렸다.

　'진단 없이 처방하는 어리석음을 범하지 마라?'

　무애스님이 계속해서 말했다.

　"그리고 리더는 많이 듣고 적게 말하되, 부하 직원들의 사기를 꺾는 말을 해선 안 됩니다. 말로 쪽박을 차기도 하고, 세상을 창조하기도 합니다. 여러분은 어떤 세상을 창조하고 싶으세요?

　부하 직원들을 비난하는 말을 하기에 앞서, 부하 직원들의 마음을 알아주고 위로해주는 말을 하기 바랍니다. 이때도 간결히 말해야 합니다. 리더가 장황하게 말을 늘어놓으면 그것만큼 참기 어려운 고통은 없습니다. 리더는 비난하지 않고, 공감해주는 말을 간결하게 해야 합니다. 그게 바로 리더가 말하는 법입니다. 이때 비로소 리더의 영향력이 커집니다."

　장수는 무애스님의 말을 머릿속으로 정리했다.

　'리더는 비난하지 않고, 공감해주는 말을 간결하게 해야 한다.'

　무애스님이 물었다.

"여러분, 혹시 공감과 동감의 차이를 아시나요?"

장수가 마음속으로 중얼거렸다.

'공감과 동감의 차이라?'

무애스님은 자신의 질문에 스스로 대답했다.

"여러분은 공감해주라는 말을 귀가 따갑도록 많이 들었겠지만, 동감해주라는 말은 별로 들어보지 못했을 겁니다. 왜 그럴까요?"

장수가 생각해보니 정말 그랬다. 여태껏 공감해주라는 말은 들은 적이 많지만 동감해주라는 말은 들어보지 못했다.

무애스님의 말은 이랬다.

'동감은 자신과 생각이 똑같은 걸 말한다. 때문에 동감해주라는 말은 할 필요가 없다. 서로 같은 생각이니까 강요하지 않아도 저절로 동의하게 된다.

반면에 공감은 다른 사람의 생각에 찬성하는 걸 뜻한다. 여기서 문제가 생긴다. 상대방의 생각에 공감해주라고 하면, 비록 자신의 생각과 다르더라도 억지로 찬성하라는 꼴이 된다.

그러나 현실에선 자신과 생각이 다를 경우에 그걸 찬성하기가 결코 쉽지 않다. 때문에 공감이 잘 되지 않는다. 여기서 인간관계의 갈등이 생기고 분쟁이 생긴다.

좋은 인간관계를 맺기 위해선 공감이라는 말의 의미를 확장해야 한다. 공감이란 비록 자신과 생각이 다르더라도 상대방의 생각을 존중해주는 것이라고 이해하는 게 좋다.

사람들은 자기 생각이 무시당하면 자신의 존재가 무시당했다고 느낀다. 그렇게 되면 상대방의 협력을 이끌어내기가 어렵다. 부하 직원들은 무시당하면 겉으론 받아들이는 척할지 몰라도, 속으로는 계속 자기 의견을 고수한다. 이래선 부하 직원들의 마음을 얻고, 자발적인 참여를 이끌어내기가 어렵다.

 부하 직원들의 열정을 이끌어내기 위해선 리더는 부하 직원과 의견이 다르다 하더라도 부하 직원의 체면을 세워줘야 한다. 부하 직원의 경험과 생각을 존중해줘야 한다. 이게 바로 공감이다.

 공감이란 서로의 의견이 다름에도 불구하고 무조건 찬성하는 게 아니라, 서로의 차이를 인정하면서도 그 사람의 경험과 생각을 존중해주는 것이다.'

 장수는 무애스님의 말을 정리해보았다.

 '부하 직원들과 비록 생각이 다르더라도, 부하 직원들의 생각을 존중해주는 것이 공감이다. 공감해줄 때 비로소 부하 직원들의 마음을 얻을 수 있고 리더십이 발휘된다.'

리더십은
알아차림이다

무애스님은 계속해서 말했다.

"'L=f(P, W, B)'의 세 번째는 행동입니다. 리더십은 행동의 함수라는 말인데, 여러분은 리더는 솔선수범해야 한다는 말을 많이 들었지요? 그런데 솔선수범이란 말은 애매하고 막막합니다. 도대체 뭐에 대해 솔선수범하라는 겁니까? 리더가 전지전능한 신이라도 된답니까? 리더가 모든 걸 다 잘할 순 없는 노릇 아닙니까? 그러니까 솔선수범이라고 해서 거창하게 생각하지 말고 간단히 생각해야 됩니다.

'자신이 한 말에 대해선 반드시 약속을 지킨다.'

이게 바로 솔선수범입니다. 그렇습니다. 리더는 아무리 작은 약속이라도 반드시 지켜야 합니다. 리더가 자신이 한 말에 대해 약속을 지키지 않는다는 건, 앞으로 자기 말을 무시해도 된다고 가르치는 것과 같습니다. 어떤 말은 지키고 어떤 말은 지키지 않는다면 부하 직원들도 똑같이 그렇게 반응할 것입니다.

위기 상황을 모면하기 위해 일단 약속부터 함으로써 우선 그 상황을 모면하고 보자는 사람들이 있습니다. 이런 사람은 병을 크게 키우는 사람입니다. 나중엔 더 심각한 문제가 발생합니다. 기업에서 노사분규가 일어나는 이유 중에 가장 큰 이유가 바로 약속을 지키지 않기 때문입니다.

아무리 상황이 어려워도 지키지 못할 약속은 하지 말아야 합니다. 그리고 한번 한 약속은 반드시 지켜야 합니다. 그러면 부하 직원들은 알게 됩니다.

'이 사람은 지키지 못할 약속은 하지 않는다. 그러나 약속한 것은 반드시 지킨다.'

그러면 부하 직원들은 이 상사를 믿고 따르게 됩니다. 이게 바로 리더십의 핵심입니다. 리더십은 상사가 약속을 지킴으로써 비로소 싹이 트는 겁니다."

장수는 생각했다.

'약속을 잘 지킨다는 건 리더십의 문제가 아니라 인간관계 전반의 문제다. 약속을 지키지 않는 사람을 어느 누가 믿고 따르겠는가? 어떤 말은 믿고, 어떤 말은 믿지 않아야 하는지 정말 헷갈리지 않겠는가?'

무애스님이 쐐기를 박았다.

"여러분, 신앙에는 증거가 필요 없지만 신뢰에는 증거가 필요합니다. 그리고 상사가 약속을 지키는 것이야말로 부하 직원들의 신뢰를 얻을 수 있는 증거입니다."

장수는 몸이 스멀거리며 묘한 기분이 들었다.

'신앙에는 증거가 필요 없지만 신뢰에는 증거가 필요하다?'

무애스님은 강연을 마무리했다.

"지금 자신이 어떤 생각을 하면서 상대방을 대하고 있는지 스스로 알아차리기 바랍니다. 그리고 자신이 어떤 말을 하고 있는지, 어떤 행동을 하고 있는지도 알아차리기 바랍니다.

자신의 생각과 말, 행동에 대한 알아차림이 바로 리더십의 핵심입니다. 리더십은 리더의 생각이 말과 행동으로 나타나는 것으로서, 상대방에 대한 영향력입니다. 이를 공식으로 나타낸 것이 바로 $L=f(P, W, B)$입니다."

장수는 오늘 무애스님의 강연이 자신을 위한 특별 강좌라는 생각이 들었다. 만약 오늘 이 강연을 듣지 않았다면 브랜드 론칭 때까지 자신이 어떻게 행동했을까? 생각만 해도 끔찍했다. 장수는 무애스님에게 감사한 마음이 들었다.

장수는 과장으로 승진하면서 총괄 MD를 맡았다. 벅찬 일이었다. 6개월이 쏜살같이 지나갔지만 마치 6년이 흐른 것 같은 느낌이다. 장수는 그동안 자신이 부쩍 성장했다는 느낌이 들었다. 최유연 본부장을 통해 리더의 역할에 대해 배웠고, 박 실장을 통해선 일하는 법을 배웠다. 이제 이번 주 토요일이면 매장을 오픈한다. 장수는 어떻게 여기까지 올 수 있었는지 실로 믿기지 않았다. 감개무량했다.

눈치 보는
리더가 성공한다

드디어 토요일 오후, 영등포 신나라백화점에서 E&F 브랜드를 출시했다. 형식적인 축하 행사는 모두 생략했다. 장수는 시험 발표를 기다리는 수험생처럼 마음이 조마조마했다. 오후 1시가 지날 무렵이었다. 놀라운 일이 벌어졌다. 매장에 사람들이 길게 줄을 지어 서 있었다. 장수는 처음엔 대수롭지 않게 생각했다. 하 대리가 생산업체들을 동원해 협찬 매출을 올리는 것쯤으로 생각했다. 김 대리도 지인들을 많이 동원했을 거라고 생각했다. 보통 매장 오픈 첫날에는 이런 동원 매출들이 있기 때문이다. 그러나 시간이 지나면서 장수의 이런 생각은 깨졌다. 대개 동원되는 고객들은 어른들인데 매장에는 고등학생들이 줄을 서서 기다리고 있었던 것이다.

'아니, 벌써 입소문이 났나? 지금 막 오픈했는데…… 그건 말

도 안 돼.'

장수는 이런저런 생각을 하며 매장 주위를 어슬렁거렸다. 학생들이 하는 말들이 귓가에 들려왔다.

"얘, E&F는 돈을 버는 게 목표가 아니래…… 패션을 통해 우리에게 즐거움과 자유를 제공하는 게 목표래."

"브랜드 디렉터가 그 유명한 조르지오라던데."

"디자인실장도 박미소래…… 왜 그 유명한 여성복 디자이너 있잖아."

"동대문시장처럼 상품도 다품종 소량이래."

"총괄 MD인가 하는 사람 별명이 독불장군인데 이번 브랜드를 하면서 죽었대?"

"정말? MD가 죽었어?"

"아니, 그게 아니라 완전히 딴사람으로 변했대. 거, 뭐라더라…… 눈치 보는 사람이라고 하던데…… 그래 맞아! 눈치 보는 사람을 줄여서 '눈사람'이라고 부른대!"

장수는 절로 웃음이 나왔다.

'김정열, 이 친구 엄청 열심히 했구먼!'

김정열은 그동안 브랜드 홍보에 열을 올렸다. 인터넷에 글을 올리고, SNS에도 브랜드 출시를 홍보했다. 김정열의 노력이 빛을 보는 것 같았다. 매출은 하루 종일 끝없이 이어졌다. 대박이었다. 하루 매출이 1억을 넘어섰다. 이런 추세라면 다음 시즌 매장 오픈은 60개가 아니라 100개도 거뜬히 할 수 있을 것 같았다. 유통업자들이 줄을 서서 기다리는 건 시간문제였다. 도대체 어떻게 이런

기적 같은 일이 일어날 수 있는지 장수는 도저히 믿기지가 않았다. 이 모든 게 팀원들이 똘똘 뭉쳐서 하나가 되었기에 가능한 일이었다.

그동안 브랜드 론칭 작업을 하면서 장수의 별명이 바뀌었다. 독불장군 강장수는 죽고, 대신 그 자리에는 '눈사람' 강장수가 새로 태어났다. '눈사람'은 '눈치를 잘 보는 사람'의 줄임말이다. 장수는 최 본부장과 박 실장에게 배운 걸 실천하다 보니 사람들의 눈치를 많이 보게 되었다. 처음엔 무척 힘들었다.

'이렇게까지 눈치를 봐야 하나? 그럼 내 행복은 어디 있지?'

그런데 시간이 흐르면서 장수는 새로운 사실을 알게 되었다. 장수가 눈치를 보면 볼수록 상대방이 좋아했다. 알고 보니 눈치를 본다는 것은 상대방에 대한 배려였다. 상대방이 지금 뭐가 불편한지, 뭘 원하는지, 뭘 좋아하는지 눈치를 살피는 것이야말로 상대방을 배려하는 행위였다. 장수는 눈치를 보는 과정에서 지혜가 생기는 것도 알게 되었다. 상대방의 입장에서 생각을 해보면 자신이 어떻게 행동해야 하는지 알게 되었다. 장수는 이런 공식을 생각했다.

눈치를 보는 것＝인간관계의 지혜＝성공의 비결

장수는 독불장군 대신 얻은 '눈사람'이라는 별명이 마음에 들었다.

매장은 연일 문전성시를 이루었다. 패션 신문에 대문짝만 한 기사가 실렸다.

'E&F 출시 하루 만에 매장 한 개 매출 1억 초과!'

'매장 하나로 월 매출 30억 돌파!'

장수는 눈을 감고 깊은 생각에 잠겼다.

'어떻게 이런 일이……'

장수는 종이를 꺼내 감사의 편지를 썼다.

최유연 본부장, 박미소 실장, 조르지오 브랜드 디렉터, 하태만 대리, 김정열 대리, 신새롬 사원…….

모두가 고마운 사람들이다.

'이 사람들이 없었다면 과연 오늘의 성공이 가능했을까?'

그건 모두가 힘을 모아 함께했기 때문에 비로소 가능한 일이었다. 장수는 이번에 어려운 일을 겪으면서 깨달았다.

'이 세상에 혼자 잘난 사람은 없다! 우리는 서로 연결되어 있으므로, 서로를 도울 때 비로소 모두가 성공할 수 있다!'

■ 에필로그 ■

홀로
존재하는 것은 없다

　장수는 모처럼 패션 업계 MD 모임에 갔다. 사람들이 여기저기 삼삼오오 모여 수군거리고 있었다.
　"아니, 그 친구가 그렇게 일을 잘한다며? 그 친구 말이야, 항상 노는 거 같은데 실적은 그렇게 좋다며?"
　"그러게 말이야! 그 친구는 겨우 과장인데 일하는 건 마치 상무급이래!"
　"그 친구, 인간관계도 끝내주게 좋대! 그 친구와 이야기를 하고 있으면 자기도 모르게 마음이 편안해지는 게 마치 힐링을 받는 것 같은 기분이래."
　"그 친구, 리더십이 그렇게 뛰어나다며? 그 친구가 한마디 하면 모두 그냥 오케이래!"
　"어, 저기 오네. 강 과장!"

그때 GULP 브랜드에 근무하는 오민수 부장이 장수를 불렀다.

장수는 깜짝 놀라며 대답했다.

"어이쿠! 오 부장님, 안녕하세요? 오랜만입니다. 그동안 잘 지내셨습니까?"

"강 과장, 양반은 못 되겠구먼! 이제껏 자네 이야길 하고 있었는데 말이야."

장수는 론칭 첫 시즌을 끝내고 두 번째 시즌엔 매장을 60개 론칭했다. 매장들은 모두 대박이 났다. 업계에 소문이 쫙 퍼졌다. 그와 함께 장수의 몸값도 천정부지로 치솟았다.

오 부장이 물었다.

"강 과장, 그렇게 대박 나는 비결이 도대체 뭡니까? 우리도 좀 배웁시다."

장수가 손사래를 저으며 말했다.

"어이쿠! 비결은 무슨…… 그냥 제가 운이 좋았던 거지요."

지난 1년이 주마등처럼 장수의 머릿속을 스쳐 지나갔다. 장수는 곰곰이 돌이켜보았다.

'근데 나의 성공 비결이 과연 뭐지?'

장수는 지난 1년 동안 자신이 지키려고 노력했던 것들을 떠올려보았다.

장수는 아침에 일어나면 제일 먼저 명상하면서 마음을 가라앉혔다.

'숨을 내쉬면서 내쉬는 것을 알아차리고, 숨을 들이마시면서 들이마시는 것을 알아차린다. 숨을 들이마시면서 하나를 세고, 숨을 내쉬면서 둘을 센다. 계속해서 열까지 센 뒤에는 다시 하나부터 시작해서 열까지 반복해서 센다. 중간에 숫자가 틀리면 다시 시작한다. 들이마시면서 하나, 내쉬면서 둘, 들이마시면서 셋, 내쉬면서 넷, 들이마시면서 다섯, 내쉬면서 여섯……'

그리고 아이젠하워 법칙에 따라 하루 일과를 분류하고 정리했다. 장수는 이를 '일에 대한 명상'이라고 이름 붙였다. 하루를 마무리할 때도 마찬가지로 명상을 하면서 일과를 정리했다. 명상을 하면 가슴 깊은 곳에서 해결해야 하는 문제를 찾을 수 있었고, 내면의 지혜가 샘솟는 것 같았다.

장수는 매일 퇴근하기 전에 10분 동안 하루를 정리하는 것이 마치 매일 인생을 정리하는 효과가 있다는 생각이 들었다.

장수는 사람들을 만나면 제일 먼저 그 사람의 장점을 먼저 찾으려고 노력했다. 이젠 누구를 만나도 즉시 그 사람의 장점을 찾아낼 정도가 되었다. 사람들을 대할 때 상대방의 장점을 생각하면서 대화를 하니 관계가 매우 좋아지고, 상대방의 도움을 쉽게 얻을 수 있었다. 더 나아가 장수는 다른 사람들의 장점을 찾으면 그걸 자신의 장점으로 만들기 위해 노력하고 있다.

'저 사람의 장점을 어떻게 내 것으로 만들지?'

장수는 자신이 나날이 성장하고 있음을 피부로 느끼고 있다.

장수는 상대방과 의견이 충돌하는 경우가 생기면, 일단 자신의 생각을 먼저 의심했다.

'저 사람이 주장하는 게 무엇이고, 내가 주장하는 건 무엇인가? 서로 어떤 차이가 있는가? 과연 내 생각이 맞는가? 저 사람의 생각이 맞는 건 아닌가?'

이런 과정을 거치다 보니 서로 무엇을 다르게 생각하고 있는지, 서로 어떤 좋은 생각을 가지고 있는지도 알 수 있었다. 그러면 상대방과의 소통이 잘되고 원만한 결론을 이끌어낼 수 있었다. 이런 과정을 통해 장수는 '나 자신이 언제나 옳은 건 아니라는 것'을 깨달았다.

그리고 '커뮤니케이션이란 서로 다르게 생각하고 있는 것을 확인하는 것'이며, '대화는 내 생각의 착각을 고치는 것'이라는 사실을 깨달았다.

이후 장수는 의견 충돌이 생기면 그 갈등을 피하지 않고 오히려 갈등을 깊이 연구했다. 갈등 속에 모든 답이 있었다. 장수는 갈등이란 장애를 해결하는 출입문이라고 생각했다. 그 갈등을 극복하면 새로운 세계가 나타난다는 것을 알고 있기 때문이다.

장수는 가급적이면 사물의 양면을 동시에 보려고 노력했다. 누군가 부정적인 의견을 말하면 그 의견에서 무엇을 얻을 수 있는지 생각했다. 누군가 긍정적인 의견을 말하면 그로 인해 잃는 무엇이 있는지를 생각했다. 또 장수는 자신이 알고 있는 것들을 뒤집어 생각해보는 습관이 생겼다.

장수는 이런 과정을 통해 알게 되었다.

'사물의 양면을 이해해야 비로소 지혜가 생긴다. 내가 한 가지만 추구하기 때문에 다른 면을 보지 못하고, 한 가지만 선택하기 때문에 실수가 생긴다. 이익과 손해는 한 가지로 규정되는 것이 아니다. 지혜란 상식과 비상식, 긍정과 부정을 동시에 보는 것이다. 하나의 개념에 얽매이지 않고, 세상에는 다양한 개념이 있음을 이해하는 것이 진정한 지혜다.'

이런 장수를 보고 사람들은 지혜롭다고 했다.

장수는 사람들과 대화할 때 미리 판단하지 않고 끝까지 들으려고 노력했다. 대개의 경우 끝까지 듣다 보면 서로 같은 이야기를 하고 있거나, 서로 좋은 의도가 있다는 걸 알 수 있었다. 이렇게 하면서 사람들과 충돌하는 일이 없어졌다. 그리고 사람들은 자신의 이야기를 끝까지 들어주는 장수를 좋아하게 되었다.

장수는 사람들과 대화할 때 상대방의 감정을 먼저 살폈다.

'저 사람은 지금 무엇을 불안해하고 있지? 저 사람은 지금 무엇을 원하고 있지?'

장수는 상대방의 불안이 무엇인지, 욕구가 무엇인지를 살피면서 대화했다. 사람들은 장수를 보고 이해심 많은 사람이라고 했다. 또 장수와 대화하면 마음이 편안해진다고 했다.

장수는 자신에게 도움을 준 사람들에게 항상 감사하는 마음을 가지려고 노력했다. 장수는 이 세상에 홀로 존재하는 건 없다는 것을 알고 있다.

'나는 홀로 존재하는 개체가 아니라 관계를 통해 비로소 존재하

는 관계의 존재다. 관계가 있음으로써 지금의 내가 있다.'
 장수는 관계가 좋아야만 비로소 행복할 수 있다는 걸 알고 있다.

 장수는 지난 1년 동안 자신이 많이 성장했다고 생각했다. 조르지오에게 일하는 법을 배웠고, 무애스님에게 관계 맺는 법과 소통하는 법을 배웠다. 장수는 자신을 끝까지 믿고 지지해준 최 본부장을 멘토로 생각했다. 최 본부장의 경험과 일에 대한 열정, 자신을 키워주려는 진정한 관심이 고맙기만 했다.
 장수는 박미소 실장, 하태만 대리, 김정열 대리, 신새롬 씨의 얼굴을 떠올리며 생각했다.
 '이 사람들이 없었다면 오늘의 나도 없었겠지?'
 장수는 컴퓨터 바탕화면에 다음과 같이 적어놓았다.
 '세상에 홀로 존재하는 것은 없다!'

 장수는 주말을 이용해 무애스님을 찾았다. 해인사의 커다란 품이 자신을 반겨주는 것 같았다. 장수는 한달음에 백련암에 도착했다. 무애스님은 인자한 미소로 장수를 맞아주었다.
 "자네, 독불장군 병 고치러 왔는가?"
 장수가 대답했다.
 "예, 스님. 이젠 눈치 보는 병에 걸렸습니다."
 "눈치 보는 병이라…… 하하하~."
 무애스님은 목젖까지 드러내 보이며 호탕하게 웃었다.
 "그렇지! 사실 좋아하는 것도 병이고, 미워하는 것도 병이지.

모든 게 한쪽으로 쏠리면 병인 거지."

"스님, 제가 요즘은 사람들을 만나도 갈등을 잘 일으키지 않습니다. 오히려 사람들을 만나서 즐거울 때가 더 많습니다. 일하는 것도 별로 어렵지 않고요. 이게 모두 스님의 가르침 덕분입니다. 감사드립니다."

장수는 두 손을 가슴에 모으며 인사했다.

"여보게, 그렇다고 너무 한쪽 생각에만 얽매이지 말게. 이 세상에는 다양한 생각들이 존재한다네. 비록 자신의 생각과 다르다 해도, 다른 생각들과 충돌하지 않고, 다른 생각들을 편안하게 받아들일 줄 아는 것이 바로 진정한 자유일세! 사실 이 세상의 충돌은 모두 생각의 충돌이고, 자신을 괴롭히는 것도 모두 자신의 생각이라네. 자신을 옭아매는 생각에서 벗어나 진정한 자유를 누리게! 그게 바로 해탈이라네."

장수는 스님의 말씀을 가슴에 새겼다.

'다른 생각들을 편안하게 받아들일 줄 아는 것이 진정한 자유다! 그게 바로 해탈이다!'

백련암을 내려오는 장수의 발걸음이 새털처럼 가벼웠다.

■ 저자 후기 ■

그래도
콩나물은 자란다

현장의 리더들에게 강조되고 있는 리더십은 대체로 이렇다.

- 리더는 제일 먼저, 구성원들과의 관계에서 신뢰를 확보해야 한다.
- 리더는 일의 목적을 명확히 하고 방향을 정확하게 제시해야 한다.
- 리더는 효율적으로 일할 수 있는 시스템을 연구하고 확보해야 한다.
- 리더는 사람을 육성하고 잠재 능력을 이끌어내야 한다.
- 리더는 커뮤니케이션을 통해 구성원의 자발성을 이끌어내야 한다.

물론 리더에게 요구되는 이런 덕목들은 매우 중요하다. 그런데 필자는 여기에 한 가지가 더 추가되어야 한다고 생각한다.

'어떻게 하면 바쁘지 않고, 좋은 성과를 낼 수 있을까?'

이는 모든 직장인들의 로망이다. 그런데 정작 바쁘지 않을 방법에 대해 치열하게 고민하는 사람들은 많지 않은 것 같다.

리더는 모든 초점을 '어떻게 하면 바쁘지 않을 것인가'에 맞추어야 한다. 모든 초점을 여기에 맞추어놓고, 다른 덕목들을 그 기반 위에서 적용하려고 노력해야 한다. 다른 덕목들이 모두 충족된다 하더라도, 평생 바쁘기만 하다면 과연 직장생활이 행복할 수 있겠는가?

자신이 바쁘지 않으려면, 리더는 부하 직원들이 바쁘지 않도록 도와줘야 한다. 혼자 성공하는 리더란 있을 수 없기 때문이다. 부하 직원의 성공이 곧 리더의 성공이 된다.

필자가 존경하는 스님에게 물었다.

"스님, 어떻게 하면 제가 강의를 잘할 수 있을까요?"

스님이 핀잔을 주었다.

"거사님은 바로 그게 문젭니다!"

필자는 당황했다.

'아니, 강의를 잘하려 하는 게 무슨 문제지? 좋은 거 아닌가?'

스님이 말했다.

"아니, 왜 거사님이 강의를 잘하려고 합니까? 그건 강사가 잘나고 싶은 마음 아닙니까? 거사님이 강의를 잘하려 하지 말고,

어떻게 해야 수강생들에게 도움이 될 수 있을까를 고민해야지요. 어떻게 하면 저 사람들을 행복하게 해줄 수 있을까, 어떻게 하면 수강생들에게 도움이 될 수 있을까를 연구해야 된다는 말입니다. 내가 도와주었다고 해서 무조건 복이 되는 게 아닙니다. 도움을 받은 사람이 실제로 도움을 받았다고 느낄 때 비로소 복이 되는 겁니다."

필자는 망치로 머리를 두들겨 맞은 느낌이었다. 부끄러웠다. 실제로 수강생들에게 도움을 주려 하기보다는 어떻게 하면 내가 강사로 성공할 수 있을지를 생각했기 때문이다. 이를 계기로 필자는 생각을 바꾸었다.

'어떻게 하면 수강생들이 지루하지 않고 재미있게 수업을 받게 할까? 어떻게 하면 수강생들에게 실질적인 도움을 줄 수 있을까?'

강의를 준비하면서 치열하게 이런 고민을 했다. 그리고 결과는 놀라웠다. 수강생들은 재미있어 하며 실제로 도움이 된다고 했다. 강의를 잘한다는 피드백은 덤으로 따라왔다. 한데 그보다 더 놀라운 건 강의를 하는 필자가 피곤하지도 않고 더 행복해졌다는 사실이다.

생각만 살짝 바꾸었는데 결과가 엄청나게 달라졌다. 여기에 비밀이 숨어 있다.

'수강생들의 성공 없이 홀로 성공하는 강사는 없다. 수강생이 성공할 때 비로소 강사도 성공할 수 있다.'

마찬가지로 부하 직원의 성공 없이 홀로 성공하는 사람은 없다.

부하 직원의 성공과 리더의 성공은 서로 연결되어 있다. 리더로 성공하고 싶다면 먼저 부하 직원이 성공할 수 있도록 도와주라.

필자가 이런 말을 하면 코웃음을 치는 사람들이 있다.

"공자님 같은 말씀 하지 마시오! 그 정도는 나도 알아요."

중국 당나라에 항상 나무 위에서 참선을 한다고 하여 조과(鳥窠, 새의 둥지)라는 별명을 가진 도림선사가 있었다. 당시 유명한 시인인 백낙천이 도림선사의 덕망을 시험해보기 위해 찾아갔다. 그 날도 도림선사는 나무 위에서 참선을 하고 있었다.

백낙천이 물었다.

"스님, 제가 평생 좌우명으로 삼을 만한 법문을 들려주십시오."

도림선사가 대답했다.

"나쁜 짓 하지 말고 착한 일을 하면서 살아가십시오. 이것이 부처님의 가르침입니다."

대단한 가르침을 기대했던 백낙천은 크게 실망했다.

"그거야 세 살 먹은 어린아이도 다 아는 거 아닙니까?"

도림선사가 말했다.

"세 살 먹은 어린애도 알지만, 여든 살 먹은 노인도 실천하기 어려운 일이지요."

이런 말을 하는 사람들도 자주 만난다.

"리더는 원래 타고나는 거지, 우리 같은 평범한 사람들이 노력한다고 되겠어요? 만약 노력해서 된다면 왜 그렇게 많은 사람들이 리더가 되지 못하는 거지요?"

많은 사람들이 리더는 저절로 타고난다고 생각한다. 물론 천성적으로 리더의 자질을 타고나는 사람도 있을 것이다. 그러나 대개의 경우, 리더는 타고나는 게 아니라 피나는 노력에 의해 만들어진다.

'알고는 있지만 실천이 잘 안 된다'고 하는 사람들을 종종 만난다. 그러나 엄밀히 말하면 이건 사실이 아니다.

20층 건물에서 뛰어내리면 중상 아니면 사망이라는 걸 아는 사람은 결코 뛰어내리지 않는다. 2층에서라면 혹시나 하는 마음에 뛰어내릴 수도 있다. 알고는 있는데 실천이 잘 안 된다는 말은 그걸 20층이 아니라 2층 정도로 가볍게 생각하기 때문이다.

무언가를 선택한다는 것은 선택하지 않은 다른 것을 포기하는 것이다. 이 책에서 말한 것들을 실천하려면 다른 것을 포기해야 하는 고통이 따른다. 이 책의 내용들은 결코 쉽게 실천할 수 있는 것들이 아니다. 필자가 만난 리더들이 가장 어려워하고 고통스러워했던 것들이다. 그러나 이걸 실천에 옮긴 사람들은 필자에게 말해주었다.

'내 삶이 송두리째 바뀌었다.'
'아내에게 존경받는 남편이 되었다.'
'일과 삶의 균형을 찾게 되었다.'
'출근하는 것이 더 이상 두렵지 않게 되었다.'
'사람들을 만나면 즐겁다.'
'행복하게 성과를 잘 낼 수 있게 되었다.'

워크숍을 할 때 이런 사람들을 자주 만난다.

"강사님, 강의를 들을 때는 좋은데 강의가 끝나고 나면 금방 잊어버립니다. 과연 교육의 효과가 있는 건가요?"

필자는 '콩나물시루 이론'을 믿는다. 콩나물을 기를 때, 콩나물시루에 물을 주면 물은 금세 빠져나간다. 그렇다고 물을 주지 않으면 콩나물은 말라 죽고 만다. 비록 콩나물시루에서 물이 빠져나가도 콩나물은 자라듯이, 교육도 마찬가지다. 모두 잊어버린 것 같지만 오랜 세월 동안 보고 들은 것들이 모여서 그 사람의 일부를 이루게 된다. 교육의 효과는 단박에 나타나지 않는다. 시간과 노력이 필요하다. 이 책의 내용도 마찬가지로 단박에 실천되지 않는다.

그렇다고 실망할 필요는 없다. 처음엔 잘 되지 않지만 하나씩 적용해보면 나중엔 이것들이 모두 하나로 모이는 것을 알 수 있을 것이다. 필자도 그랬고, 필자의 동료들도 그랬으니까.

'연습이 완벽을 만든다(Practice makes perfect)!'

'안 하지만 않으면 된다!'

'그래도 콩나물은 자란다!'

그래도 실천이 어렵다고 하소연하는 분들이 있다.

"강사님, 저는 왜 실천이 잘 안 될까요?"

필자는 웃으면서 대답한다.

"안 하니까 안 되는 거지요……."

리더, 절대로 바쁘지 마라

초판 1쇄 발행 | 2013년 5월 31일
초판 5쇄 발행 | 2019년 1월 25일

지은이 | 김종명
발행인 | 김태진 · 승영란
편집주간 | 김태정
디자인 | 여상우 · 유영래
마케팅 | 함송이
출력 | 블루엔
인쇄 | 이음피앤피
제본 | 경문제책사
펴낸곳 | 에디터
주소 | 서울특별시 마포구 마포대로14가길 6 정화빌딩 3층
문의 | 02-753-2700, 2778 FAX 02-753-2779
등록 | 1991년 6월 18일 제313-1991-74호

값 13,500원
ISBN 978-89-6744-013-8 03320

ⓒ 김종명, 2013

이 책은 에디터와 저작권자와의 계약에 따라 발행한 것이므로
본사의 서면 허락 없이는 어떠한 형태나 수단으로도 이 책의 내용을 이용하지 못합니다.

■ 잘못된 책은 구입하신 곳에서 바꾸어 드립니다.